イサム・ノグチ物語

「遊び」は芸術だ！

めら・かよこ

A Life and artworks of Isamu Noguchi

未知谷
Publisher Michitani

まえがき

子どもが夢中になってワクワクすること、それは「遊び」だ。「遊びが嫌い」という子どもはまずいない。ひとりで、あるいは友だちと遊べないなんて、考えるだけでもつまらない。

「遊び」は心の栄養だ。いまはラインもあるしスマホを端末としたインターネットゲームなどいろいろな仮想の遊びがあるけれど、やっぱり外で思いっきり汗をかいて遊ぶのが楽しい。そんなときは、いくら遊んでも疲れないし、もっともっと遊びたくなる。

子どものころに思いっきり遊んだ経験は、やがてどんな困難にも負けない心豊かなたくましさを育んでくれる。

そんなことを夢見て「子どものための楽しく遊ぶ芸術」に生涯をささげた芸術家がいる。彫刻家イサム・ノグチ、二十世紀を代表する世界の彫刻界の巨匠だ。

二十世紀は、人類にとってそれ以前の時代とは全く違う百年だった。科学技術は地球規模で巨大な発展をとげ、また世界を巻き込む大きな戦争が次つぎに起きた。

イサム・ノグチは激動する二十世紀とともに生きて多くの芸術作品を創造したが、とりわけ力を注いだのは子どものための「遊んで楽しい芸術」だった。生涯をかけてチャレンジし続けた。これから始めるのは、そのイサム・ノグチの物語だ。

二十世紀になってまもなく、二つの乗り物が現れた。

一九〇三（明治三六）年、アメリカのライト兄弟が動力付飛行機で初めて空を飛んだ。兄弟が協力して制作した飛行機が飛んだのはわずか数十メートルだった。この小さな一歩から、人類の空への挑戦は始まった。

同じ年、アメリカのミシガン州デトロイトでヘンリー・フォードが自動車会社を作った。丈夫で安い「ニッケル・クロム鋼」が開発され、最先端技術の流れ作業で、世界で初めて自動車の大量生産を始め、世界中で爆発的に売れた。アメリカは活気に満ち、自動車時代が幕を開けた。

そのころ、アジアやヨーロッパは不穏な空気に包まれていた。

一九〇四（明治三七）年、中国東北部（満州）や朝鮮の領土をめぐって日本とロシアが対立し「日露《にちろ》戦争」が始まった。日本はイギリスやアメリカの支援をうけて勝利し、朝鮮を植民地にした。その結果、日本国民にアジアの国ぐにを見下す「優越感」が生まれた。

一九一四（大正三）年、ヨーロッパで第一次世界大戦が起きた。ドイツ、オーストリアなどの同盟国側とイギリス、フランス、ロシア、日本を中心とする連合国側とが四年あまりも戦った。連合国側の勝利に終わったが、機関銃や戦闘機、毒ガス、潜水艦などの最新兵器が大量に使用されて、死者は八五〇〇万人にものぼった。

この戦争で、ロシアやドイツなどで皇帝による専制体制がくずれた。一九二二（大正一一）年には「帝政ロシア」にかわって、世界初の社会主義経済体制の国「ソビエト社会主義共和国連邦（ソ連）」が正式に誕生した。

その後、世界のリーダーにおどりでたのはアメリカだった。兵器を輸出してばく大な利益を上げ、これまでにない好景気にわいた。ニューヨークの中心街には、摩天楼とよばれる高さ四〇〇メートル近い世界一の超高層ビルが建ち並んだ。

一九三九（昭和一四）年、ふたたび世界の列強の争いが始まった。第二次世界大戦だ。ポーランドを攻めたドイツに、イギリス、フランスが対抗した。中国で戦争をしていた日本はドイツ側に参加し、ハワイのアメリカ軍港パール・ハーバー（真珠湾）を奇襲して爆破した。日本の攻撃で、戦争はヨーロッパから太平洋にまで広がった。戦争中には数かずの残虐行為が行われた。

ナチス・ドイツの独裁者ヒトラーはユダヤ人を強制収容所に集めて大虐殺した。その数は六〇〇万人にものぼった。

アメリカでは、一二万人の日系人が全米一〇カ所の強制収容所にむりやり収容された。長引く戦争で、アメリカは無差別大量殺戮《さつりく》兵器の原子爆弾を日本の広島と長崎に投下した。人類史上初めて使用された二つの原子爆弾はあわせて三〇万人もの命を奪った。

一九四五（昭和二〇）年、六年間続いた第二次世界大戦はようやく終わった。六〇カ国が戦って死傷者は五六〇〇万人にもおよび、世界の人びとに深い傷あとを残した。

戦争が終わった年に世界の平和を願って「国際連合（国連）」が設立されたが、アメリカとソ連は「核兵器所有」を競いあうようになり、「東西冷戦」といわれる対立を始めた。巨額の軍事費がかかり、その後アメリカは経済赤字に苦しみ、ソ連という国家は崩壊した。

第二次大戦のあと、世界は豊かな経済と科学技術の発展を目指した。

一九六一（昭和三六）年、人類が初めて空を飛んでから六〇年たらずで、ガガーリン（ソ連）を乗せた宇宙船が一時間四八分の世界初の宇宙旅行に成功した。「地球は青かった」というガガーリンのメッセージは国をこえて感動を呼んだ。その八年後には、アメリカの打ち上げたロケットが初めて月に到着し、宇宙への夢が大きくふくらんだ。

石炭に変わって石油が登場し「エネルギー革命」とよばれ、石油コンビナートを持つ大工業地帯が現れた。化学繊維《せんい》、プラスチック、肥料など、石油からさまざまなものが大量に生産されるようになった。

電話、ラジオ、映画、テレビ、コンテナ船、飛行機などが次つぎに開発された。洗濯機、掃除機、冷蔵庫などの電化製品も大量に生産され、生活はとても便利になった。

ところが、一九八〇年代になると地球環境が心配されるようになった。大気や海洋の汚染、酸性雨、森林破壊、野生生物の絶滅、オゾン層の破壊、地球温暖化による異常気象が世界中で起きている。

人類によってあらゆるものが大量に生産され、消費され、それによって地球が汚れてしまったのだ。二十一世紀に入ったいまも、地球環境は良い方向にはむかっていない。アラビア半島や中東地域では部族の対立や内戦が続き、たくさんの人びとが難民になって行き場を失っている。科学技術の発展と収束のようすが見えない激動の百年であった。

汚れゆく地球環境や人類の未来をいちはやく憂《うれ》えた芸術家、それがイサム・ノグチだ。彫刻家をめざした若き日、イサム・ノグチは、身がふるえるような自分自身の芸術を「発見」した。「未来の彫刻はこの地球を美しく刻むものではないか」という考えだ。地球上の自然や大地に存在する「空間」を彫刻で「活気あるもの」にしたい。苦しんでいる「地球」に心を痛め、あらゆるところを「生き生きさせたい」と願ったのだ。

それまでの、ただ飾ってながめるだけの彫刻とはまったく違うスケールの大きな考えだった。子どものころに暮らした日本から大きな影響をうけた。日本の古代の遺跡や古墳、日本庭園などから思いついたことだった。みんなが地球の環境が悪くなっていることに気づく五〇年も前の一九三三（昭和八）年のことだ。

アメリカ人の母親と日本人の父親とのあいだに生まれたイサム・ノグチ。その時代にはとても珍しい「ハーフ」だった。幼いころは一人の友だちもできなかった。いじめられたのだ。けれども、イサム・ノグチは負けなかった。強い精神力で襲いかかる困難に立ち向かい、乗り越えた。心がワクワクする「好きなこと、楽しいこと」があったからだ。イサム・ノグチはそれを自分で見つけ出した。

やがて成長して彫刻家をめざしたとき、その思いを真っ先に芸術作品に構想した。それが「プレイマウンテン（遊び山）」。子どもたちが、友だちや家族といっしょにみんなで思いっきり遊べる未来のアート公園だ。友だちといっしょの楽しい子ども時代を自分が体験できなかったからこそ、世界の「全ての子どもたちにプレゼントしたい」と願い続けた。

イサム・ノグチは多くの人の協力を得ながら、新しい彫刻をめざしてチャレンジし続けた。大理石彫刻、舞台美術、ガーデン（庭園）、石彫りなど、生涯に二〇〇〇点もの作品を世界中に制作したが「プレイマウンテン」を忘れることはなかった。

その願いが実現するときがきた。

北海道札幌市から「モエレ沼公園」の仕事を依頼され、公園に「プレイマウンテン」を制作できることになった。世界でたった一つのイサム・ノグチの「山」が姿を現わす……

ここまでたどり着くのに、五五年もかかった。

まっすぐに伸びる一本の道と、まるで古代遺跡のような石積みの美しい山「プレイマウンテン」……。緑に包まれたなだらかな一本道を登っていくと青い空にすいこまれ、遥かかなたの宇宙につながっているように思えてくる。

イサム・ノグチは未来を生きる子どもたちに「ぼくの芸術で、心をワクワクさせて楽しく遊んでもらいたい」「みんなで遊んで、きみ自身を発見してもらいたい」と熱望した。そして「平和で美しい地球を、取り戻してほしい」「ぼくの芸術を受けついでもらいたい」と願った。


世界を駆け、宇宙時代を生きたイサム・ノグチ……

イサム・ノグチの熱い思いをたどる「冒険の旅」に、出発しよう！

イサム・ノグチ物語　目次

まえがき　1

第1章　カリフォルニアの太陽――誕生　15
出生の秘密　15
日本へ　20

第2章　大好きなことを見つけた日本――二歳から　25
初めての彫刻「波」　25
支えてくれた母　29
初めての庭「ガーデン」と富士山　33
生涯で、一番楽しかった授業「指物師に弟子入り」　38
「流刑の罰」が、下された　40

第3章　素晴らしい出会いが待っていたアメリカの中・高校生時代――十三歳から　45
アメリカ横断の大冒険　45
学校が閉鎖　48
救い出してくれた「アメリカの父」ラムリー　52

アーティストになりたい　55

第4章　**彫刻家への道——十八歳から**　59

ボーグラムから破門　59

励ましてくれた野口英世とミチオ・イトウ　63

彫刻家イサム・ノグチ誕生　66

第5章　**自分の彫刻をさがして——二十歳から**　71

彫刻の「先生」ブランクーシ　71

生涯の親友、フラー　76

自分さがしの旅　81

未来の彫刻「プレイマウンテン（遊び山）」　86

第6章　**戦争に苦しむ——三十六歳から**　91

父の国と母の国が戦争　91

ポストン日系人強制収容所　96

第7章　**人間と社会に役立つ彫刻をめざす——四十五歳から**　101

初心にかえって　101

人びとの生活を豊かにした「ＡＫＡＲＩ（あかり）」　104
悲劇の傑作・原爆慰霊碑　109
世界の人が集う「ユネスコ・ガーデン」　116

第8章　**子どものための芸術「公園作り」を追求——五十七歳から**　121
四回もやりなおした「リバーサイド・ドライブ・プレイグラウンド」　121
ことごとくつぶされた「遊園地」制作　125

最終章　**「これは、ぼくの仕事です」**　129
始まりは、たった一本の電話から　129
初めての視察　131

あとがき　141
年表　147
参考文献　151

イサム・ノグチ物語

＊「遊び」は芸術だ！

第1章　カリフォルニアの太陽――誕生

出生の秘密

一九〇六（明治三九）年の夏、ぬけるような青空から太陽がさんさんと降り注いでいる。アメリカ合衆国の太平洋側に細長くのびているカリフォルニア州だ。南部のサン・ガブリエル山脈のすそ野に広がる緑豊かなパサディナの町にイサムは暮らしていた。

「ママ、ママ」

元気な男の子の声が聞こえてきた。大好きなシャベルを持ち、夢中で畑の土を掘っている。イサムだ。イサムはもうすぐ二歳。黄色みがかった肌の色に薄桃色のほお。まんまるな顔に広いおでことくりんくりんの大きな目。頭のてっぺんには金色に輝く巻き毛がくるりとカールしていて、まるでキューピー人形だ。笑顔がとてもかわいい。まるまると太って見るからに健康そうだ。

洋服からは裸足《はだし》がのぞいている。イサムはくつが大嫌いなのだ。

「まあ、泥だらけじゃないの」と、洗濯《せんたく》をしていた母がイサムを叱った。

「いやだっ」

イサムはとつぜん水のはいっている洗濯桶《せんたくおけ》に飛びこもうとした。母はイサムをあわてて抱き止めた。イサムは「いや、いや」といいながら、足をどんどん踏み鳴らして駄々をこね始めた。シャベルで楽しく遊んでいたのに、叱られた。それで「へそ」を曲げたのだ。

「やめて、足がどうにかなってしまうわ」

母の心配をよそに、イサムはますます強くいつまでも足を「どんどん」させた。

「ナンナ、ナンナ」

イサムが大きな声で祖母のナンナを呼んでいる。

「さあさあ、お話の時間よ。どんなお話がいいかしら」

ナンナが昔話を始めると、たちまちイサムの目は輝き始めた。イサムは祖母の昔話が大好きなのだ。

「おやっ、男の子がいる……」

イサム得意の「紅茶の葉占い」だ。イサムは紅茶のカップをのぞき込みながら占いの「呪文《じゅもん》」を語り始めた。

「おじさんがいる。犬がいる。ママもいるよ。寒くなって月が細くなっている……」

祖母のナンナは神妙な顔でイサムの占いに耳を傾けた……

パサディナの家の前に立つ２歳のころのイサム

イサムは一九〇四（明治三七）年十一月十七日に生まれた。ロサンゼルスの病院で生まれたが、すぐに隣り町のパサディナに引っ越した。

イサムの家族は四人だ。お母さんはレオニー・ギルモアといい、年齢は三十二歳。母親の母、イサムが「ナンナ」とよんでいる祖母はアルビアナ・スミスといい、六十五歳。そして母親の妹で、イサムの叔母にあたるフローレンスは三十歳だ。

このころのパサディナには、ニューヨークの都会から移り住んだ人たちが緑を求めて大きなテントを張って住んでいた。イサムたち家族もその一人だった。母とイサムはテントの家、祖母と叔母は倉庫のような家を建てて住んでいた。町はずれにはアメリカ先住民が暮らす、自然につつまれた静かなところだった。

母はタイピストや経理の仕事で一家を支えた。羊を飼い、花や野菜を育て、ときにはそれらを売り歩いて生活の足しにした。貧しいながら、家族の愛情とカリフォルニアの温暖な暮らしやすい気候につつまれて、幼いイサムは元気にのびのびと育った。

イサムは想像力が豊かで手先が器用な子どもだった。けれども「へそ曲がり」で強情、注意されると極端な行動に出る激しい気性の持ち主でもあった。それは父親譲《ゆず》りの性格だった。しかし、イサムのそばにその「父」の姿はなかった。

イサムの「父」は日本人で、後に慶応大学教授になる詩人の野口米次郎《のぐちよねじろう》だ。一八七五（明治八）年にいまの愛知県で生まれた。英語を学びたくて、自費でアメリカのサンフランシスコに渡った。

母のレオニー・ギルモアは一八七四（明治七）年に、ニューヨークで生まれた。レオニーはこのころには珍しい男女同権を教える進歩的なブリンモー大学の出身だ。この大学には、後に日本で「津田塾大学」を創設した津田梅子《つだうめこ》が留学していた。レオニーと津田梅子は大学で顔みしりだった。また、レオニーはフランスのソルボンヌ大学に留学したことがあった。「日本」ブームに湧いていたそのころのパリで、浮世絵などの日本文化に出会い深く影響を受けていた。

一九〇一（明治三四）年、ふたりはニューヨークで出会った。米次郎が新聞に広告を出し、レオニーを雇《やと》った。英語の力が乏しかった米次郎は、レオニーに「助けてもらおう」と考えたのだ。やがて、米次郎は「ヨネ・ノグチ」を名のった。「英語の詩を書く日本人」として知られるようになり、本が出版された。

ふたりはいっしょに暮らし始めたが、米次郎は突然日本に帰国してしまった。その四カ月後にイサムは生まれた。母はイサムをアメリカ人として育てるつもりだった。人目を避け、日本人が多く住むカリフォルニアに引っ越した。

しかし、イサムの運命を左右する大きな問題が次つぎと起きた。

まず、日露《にちろ》戦争だ。イサムが生まれた年に始まり、次の年の一九〇五（明治三八）年に終わって、小国の日本が大国のロシアに勝った。カリフォルニアの人たちは「日本は次に、アメリカを攻めてくるのではないか」と日本人を避けるようになった。

さらに、サンフランシスコ大地震が起きて学校が閉鎖され、日本人の子どもは学校に行けなくなった。アメリカの白人の女性と、日本人のようなアジア系の男性との結婚が禁止された。母の国籍はおろか、生まれてくるイサムもどこの国の人なのか分からなくなってしまう……。母の不安は大きくふくらんだ。悩み抜いた末に大きな決断をした。

「日本へ行こう。イサムを日本人として育てよう」

日本に帰国した米次郎からも「日本に来るように」と手紙が届いた。

日本へ

一九〇七（明治四〇）年の春。どこまでも続く太平洋の大海原を、大型客船が静かに進んでいた。サンフランシスコを出港したのは三月九日だ。一八一八人の乗客の中に、二歳四カ月になったイサムと母がいた。

イサムたちの部屋は船底のボイラー室のそばで料金の一番安い部屋だ。絶えずボイラーの音が聞こえる暑苦しい部屋だった。この部屋で、イサムはいつも乳母車の中にいた。パサディナから持ってきたこの乳母車をイサムは「ボー」と呼び、かたときも離れなかった。イサムが安心できるただひとつの場所だったからだ。大切な「友だち」のぬいぐるみ「テディ・ベア」をいつもそばにおいていた。

船旅は小さなイサムにとって過酷だった。船酔いに悩まされ続け、まん丸だった顔はみるみるやせ細った。それでも毎日、甲板にでて海をながめた。波が打ち寄せると船が大きく揺れる。イサムはよろけながら海をじっと見つめた。

「海のむこうに、パパが待ってるのよ」

「パパ、パパ」

口に出しては見たものの、会ったこともない父の顔

父・野口米次郎

母・レオニー・ギルモア

を思い浮かべることはできない。しかし、幼いイサムの心にしっかりと刻まれたものがあった。

「波」だ。父と母の国をつなぐ太平洋の「波」は生き物のように激しく襲いかかる日もあれば、おだやかに凪《な》ぐ日もあった。イサムのこれからの人生を暗示するかのようだった。

飛行機がないこの時代に、イサムたち母子は一七日間にも及ぶ船の旅でようやく横浜港に到着した。港には父親の米次郎が待っていた。

「パパですよ」

乳母車の中のイサムは母にうながされてうつろに目を開けた。まなざしを宙にうかせてすぐに閉じてしまった。長旅に疲れ果て、弱よわしく泣きじゃくるばかりだ。そんなイサムの様子に、父親は涙があふれ後悔の気持ちでいっぱいになった。

このとき、イサムは、父によってようやく「イサム」と名づけられた。それまで名前がなく「米次郎」という父親の名前や、生まれた場所であるカリフォルニアの大自然「ヨセミテ渓谷《けいこく》」にちなんで「ヨー」と呼ばれていた。

漢字で「勇《いさむ》」と書く名前に、父親は我が子へせめてもの願いをこめた。「アメリカと日本の二つの国の間で勇ましく生きよ」と……。けれども、イサムは、「野口勇」になったわけではなかった。レオニー・ギルモアの息子の「イサム・ギルモア」になっただけであった。

第2章　大好きなことを見つけた日本——二歳から

初めての彫刻「波」

父が用意してくれた東京の家で、親子三人が暮らし始めた。

イサムは日本の生活に少しずつ慣れていった。初めて覚えた日本語は「はーい」「だんなさま」「ばんざい」だった。「どんこどん、どんこどん」という水飴《みずあめ》屋の太鼓の音がきこえると、子守りに背負われて大喜びで飴を買いに走った。白いご飯が大好き。障子《しょうじ》戸や襖《ふすま》戸をすべらせて遊ぶこともおぼえた。しかし、父にはすでに別の家で暮らす日本人の妻がいた。まもなくイサムと母は家を出た。

日本に来て三年がたった一九一〇（明治四三）年、秋も深いある日のことだ。南高輪《たかなわ》幼稚園（今の東京都品川区にあり、「もりむら」と呼ばれていた現在の森村学園）の教室で、子どもたちが粘土で好きなものを作っていた。

「みなさーん、見てください。イサムちゃんが作った『波』です」

「青い色がきれいだね」

「いいでしょ。ぼくが作ったの」

みんなが注目する真ん中に五歳のイサムがいた。イサムの「波」は子どもが作ったとは思えない見事な形に仕上がっていた。後に彫刻家になるイサムの初めての彫刻だった。

一年ほど前、別の幼稚園でもイサムは「波」の絵を描いたことがあった。茨城《いばらき》県の海岸に遊びにいったときのことを描いた一枚だった。青いクレヨンを使って何本もの線で「波」を描き、波の上にはお月さまが黄色く輝いていた。このとき、イサムは初めて先生や母からほめられた。ほめられたことが嬉しくて、イサムはこう宣言した。

「ぼくは、アーティストになる」

太平洋の大海原を、一七日間も船に揺られて日本に来た。そのときに見た「波」は、小

森村学園の卒業写真、イサムは二列目左端

さなイサムの心にしっかりと焼きつけられていたのだった。

「もりむら」はこの四月にできたばかりで、小学校もある新しい幼稚園だった。「ひとりひとりの個性を大切に育てる」というそのころでは珍しい進歩的な教育方針を持つ私立の学校だった。イサムはこの新しい幼稚園の初めての入園児となった。一〇人の園児に、先生は九人いた。日本の幼稚園なので、「イサム・ギルモア」ではなくて日本名の「野口勇」で入園した。

校庭にはヤギ、ニワトリ、サルなどの動物が放し飼いにされ、クジャクまでいた。そして、三〇〇〇坪もある美しい日本庭園があった。学校の創立者の森村市左衛門《いちざえもん》の屋敷の日本庭園を校庭として開放したのだった。

初めてその庭を見たイサムは美しさに目を見張った。

イサムの後の芸術作品「ガーデン（庭園）」のもとになる「日本庭園」との初めての出会いだった。

このころすでにイサムは「ぼくは他の子と違う」と不安な気持ちを抱き始めていた。母は灰青色の目と白い肌をした外国人で、話す言葉は英語だ。家には「お父さん」と呼べる人はいない。近所に、友だちと呼べるような子どもは誰もいなかった。

ところが「もりむら」は違った。みんなが一緒に遊んでくれた。嫌なことを言われたりいじめられたりすることもなく、仲間にいれてくれた。自由な雰囲気に包まれていた。生まれて初めての楽しい体験だった。幼いながら、イサムの芸術家としての精神が芽を吹いたのだった。

イサムは熱く語っている。

「もりむらの思い出は鮮明だ。あいのこ（ハーフ）のぼくを友だちとして、いっしょに遊んでくれた。ぼくの人生の最初の嬉しかった思い出だ。『波』はぼくが作った最初の彫刻といえる。いまでもすぐ作ることができる、ぼくの出発点だよ」

支えてくれた母

一九一一（明治四四）年、イサムは六歳だ。

ランプの灯が部屋の中を照らす夜、本を読んでくれる母の声がイサムの心を温かく包む。母が読んでいるのは、ウイリアム・ブレイクの『ひまわりの歌』。母が好きなイギリスの詩で、イサムも大好きだった。

母は英語の家庭教師や雑誌編集の仕事をしていて、帰りはいつも遅かった。いまのお手伝いさんにあたる女中がいたとはいえ、ときにイサムはひとりで母の帰りを待たなければならなかった。夜になると母は本を読んでくれた。それがイサムのなによりの楽しみであり、心待ちにしていたひとときだった。夢中になったのは、ギリシャ神話の英雄アポロンとヘラクレスの物語だ。本当に生きていた、と思うほどだった。イギリスの『ロビン・フッド』の物語は声がかれるまで読んでもらった。

アメリカの初代大統領ジョージ・ワシントンの物語も、イサムのお気に入りだった。家の大切なサクラの木を切ってしまったジョージがそのことを正直に打ち明けた物語を、母は何度も読んでくれた。そのたびにイサムは感動し「ぼくも、いつかジョージ・アポロンと呼ばれたい」と思った。イサムは本のなかに「父」の姿を求めたのだった。

イサムと母は茅ヶ崎《ちがさき》（いまの神奈川県茅ヶ崎市）に住んでいた。楽しかった「もりむら」を卒園し、引っ越してきた。茅ヶ崎は江戸時代に東海道の大きな宿場町として栄えた歴史のある町だ。歌川広重《うたがわひろしげ》の浮世絵「東海道五十三次」の「松林」の風景で知られている。

このころには、イサムはすっかり日本の少年になっていた。笛を作るためには柳の小枝の皮をどうむけばいいのか、ウナギはどんなところにいるのか……など。まわりの自然の知識をいつのまにか身につけていた。

そして、夏の盆踊りやお正月の凧《たこ》上げ……。たき火で焼くサツマイモや色とりどりのお餅のなんと美味《おい》しいことか。神社やお寺の年中行事もあった。とりわけ勇壮なのが、いまも続く「浜降祭」と呼ばれる茅ヶ崎の夏祭りだ。たくさんの神輿《みこし》が町を練り歩いて浜に繰り出した。近隣の人たちが見物に押し掛け、大にぎわいとなった。イサムはみんなが集《つど》うお祭りが大好きだった。

九月になって、イサムは地元の町立松林小学校の一年生に転入する。男子三六人、女子五九人がいた。アメリカと日本は学校制度が違う。母はそれを知らなかったのか、イサムはこの後、学校の転入と転出を繰り返すことになる。

学校に通い始めるとイサムははげしい「いじめ」にみまわれた。いじめるのは同じ学校に通う地元の浜っ子たちだ。漁師の子どもたちが多く、みんな力があった。学校の行き帰りには必ず待ち伏せされた。なぐられたり石をぶつけられたりすることはもちろん、ときには山とつまれたムギワラに顔をつっこまれたこともあった。田んぼにつきおとされて泥まみれになったこともあった。「ばか」「ガイジン」などと口ぎたなくののしられた。さらに、イサムのように「半分だけ外国人というのが一番悪い」ともいわれた。

一番つらかったのは、仲間としていっしょに遊んでもらえないことだった。いまの言葉でいえば「シカト」されたのだ。大ゲンカしたとき、ならい覚えた柔術でいじめっ子を投げ飛ばしたこともあった。

イサムは茅ヶ崎で、生涯いやされることのない深い心の傷を負った。

傷ついたイサムを支えてくれたのは母だった。

「あっ、お母さんだ」

帰宅する母の足音が聞こえると、イサムの心はこの上なくやすらぐのだった。

イサムは母に、昼間の出来事をいっさい話さなかった。


「そのころ、ぼくには母だけが存在した。母だけがぼくの砦だった」「差別されていると は思わなかった。でもそれは、差別ということばを知らなかったから……。数かずの癒《いや》し がたい心の傷をうけたのは茅ヶ崎での日びだった」「友だちはひとりとしてできなかった」 とイサムは後に語っている。

けれども六年間生活して学校にも通ったので、茅ヶ崎はイサムの日本の「ふるさと」に なったのだった。

初めての庭「ガーデン」と富士山

一九一二（明治四五）年、イサムの辛い日びは続いていた。

しばらく家を留守にした母がようやく帰ってきた。ところが、腕には赤ちゃんを抱きかかえていた。妹のアイリスだった。アイリスもまた、イサムと同様に、父親との縁が薄い子どもだった。アイリスの父親が誰なのか、母は誰にも明かさなかった。茅ヶ崎への引っ越しは人目をさけたのだった。イサムにしてみれば、母との間に突然「アイリスが現われた」ことになった。

一年後の一九一三（大正二）年に、隣りのショウちゃんが事件を起こした。家の人が大切に育てていた竹をショウちゃんが切ってしまったのだ。イサムが「偉い人になるためには木を切らなければいけないんだよ、と教えてくれた」というのだ。ジョージ・ワシントン大統領の「正直物語」がどこかでねじまがった。ショウちゃんは家の人からきびしく叱られた。イサムも「イサムがきてからショウちゃんが悪い子になった」と責められた。

アイリスはイサムの大切にしている本やおもちゃを手当たり次第に投げ散らかしたりす

るようになった。アイリスはイサムと違って元気な女の子だった。

このころから、イサムは母からも叱られることが多くなった。イサムは家にこもりがちになり「ぼくは、そんなに悪い子なの」と暗い顔で沈みこむ日が多くなった。

やがてイサムは「アメリカ人になりたい」と母に訴える。「いじめられたり悪口をいわれる日本なんかイヤだ。ぼくはアメリカ人なのだから、アメリカ人らしい教育をうけたい」といい張った。イサムには言い出したらきかない芯の強さがあった。母はイサムを、日本人として育て「西洋と東洋の美を受け継ぎ、それを生かせる仕事をみつけてもらいたい」と願ってきた。けれどもこのイサムの強い態度に「日本の学校に通うのはもう無理かもしれない」と思い始めた。

一九一三(大正二)年九月、イサムは外国人の子どもが通う学校「セント・ジョセフ学院」に転校することにした。横浜にある外国人の子どもたちが通う男子校だ。イサムは「野口勇」から、また「イサム・ギルモア」になった。イサムは、朝五時二十五分発の電車で茅ヶ崎から横浜まで通い始めたが、片道三時間近くもかかり、すぐに辛いものに変わった。

なにしろイサムはまだ小学三年生だ。

ところが、このセント・ジョセフ学院でも、イサムはいじめられた。この学校でも、イサムは相手を頭から投げ飛ばして怪我を負わせ、大問題になった。

イサムはとうとう「学校にはいかない」と母に告げた。「不登校」だ。

そんなある日のこと、母はイサムにこう切り出した。

「あのね、イサム。イサムの家を建てようとおもうの」。母は続けてこういった。

「家族みんなの家でもあるのだから、イサムが先頭になって頑張ってね。それでね、庭もイサムにまかせたいの」

イサムは信じられなかった。飛び上がるほど嬉しかった。

家ができあがるまでにはさまざまな作業が必要となる。その作業の中から、イサムの将来に役立つ好きなことを見つけてほしい……。母は祈るような気持ちで、このイサムを励ますための途方もない大計画を思いついたのだった。

新築する家は菱沼《ひしぬま》海岸寄りで「鉄砲道」とよばれる道路に面していた。徳川幕府が作った「鉄砲訓練所」に向かう道の途中で、サツマイモやスイカ畑にかこまれているのどかな別荘地だった。

イサムは、母やイサムの部屋を「どこにするか」「広さは」など、一所懸命《いっしょけんめい》考えた。一階を三部屋にし、二階の一部屋は母の部屋にして、窓は日本風に円窓にした。

工事が始まると、イサムは母から「大工さんが毎日なにをしているか、監督になったつもりでよく見るのよ」といわれた。イサムは時間があるときは必ず見に行った。ときには、かんたんな作業を手伝ったりもした。ノコギリやカンナなどの使い方や柱の組み立て方など、日本の大工の技を初めて見た。心はワクワク、驚くことばかりだった。細かいところまで見ているイサムに、大工の親方は感心した。

庭にはバラを植えることにした。集めた苗の数は二〇本とも五〇本とも伝えられている。園芸試験場のお兄さんに、イサムは自分でたのんだ。母の英語の教え子だ。母の親友キャサリンおばさんがアメリカから送ってくれた紫色のパンジーや黄色のプリムローズも植えた。草花は水やりを忘れたらすぐに枯れてしまうし、肥料も必要だ。イサムはそれらをひとりで全部やりぬいた。くみ上げた水が流れるようにして、小さな川も作った。

となりの家の林の中にころあいの大きな石があった。「あの石をぼくの庭にどうしても置きたい……」。イサムはその石をだまって持ってきた。素晴らしい「庭園」が「完成」

母レオニーと住んだ茅ヶ崎の家　撮影：イサム・ノグチ

した。ところが、当然ながら「見つかったらどうしよう」と心配になった。「庭作り」はそれほどイサムを夢中にした。

家の新築と庭作りでみせた「頑張り」で、イサムは近所の人から「神童」とうわさされるようになった。

家が完成して、イサムと母を一番喜ばせたのは二階の円窓から見える富士山の美しさだった。お天気の良い日には、富士山の雄大な姿がこの窓枠の中にくっきりと姿を見せた。春夏秋冬と、それぞれに表情を変える富士山の美しさは想像以上だった。赤い夕陽にてらされた富士山はたとえようもない美しさで、イサムの芸術の魂をゆさぶった。

生涯で、一番楽しかった授業「指物師に弟子入り」

家を新築した後、イサムはもうすぐ十一歳で、小学四年生の新学期を迎えていた。ふたたび通い始めたセント・ジョセフ学院だったが、やっぱり「いじめ」が待っていた。イサムはまた「不登校」になった。

家でもアイリスをよく泣かせるようになった。母に叱られることが多くなり、見捨てられたような気持ちになった。剣道も習ったが長続きしなかった。むしゃくしゃしたイサムは「ぼくがいなくなれば、お母さんは心配するだろう」と家出を繰り返した。そのたびに見つかり、家に連れ戻された。イサムにとっても母にとっても、苦しい日びが続いた。

けれども、イサムは自分の将来を考え始めていた。楽しかった家の新築と庭作りで、イサムは将来「園芸家」になる決意を固めていた。そして「子どもは早くから仕事をすべきだ。学校はもういいよ」と母につたえた。外国の日本で、イサムたち二人の子どもを育てて苦労する母親を「一日も早く助けたい」という気持ちもあった。

母はいろいろ考えた末に、また素晴らしいことを考えついた。これもまた、イサムの将来に大きな影響を与えることとなった。

それは、家を新築した時に知りあった指物師《さしものし》に弟子入りして修業することだった。イサムの修業は「住み込み」ではなく、家から通ったと思われる。

一九一五（大正四）年九月、イサムは「指物師」に弟子入りした。指物師とはたんすや机などの家具を専門に作る職人のことだ。指物師のユニホームである「印半纏《しるしばんてん》」姿で、ノミやカンナなどの道具一式を持ち、親方に連れられて仕事場に向かった。カンナやノコギリなどさまざまな道具の使い方や手入れの仕方を基礎から教えてもらった。

襖《ふすま》の上を飾るサクラの木の「欄間板《らんまいた》」もたくさん彫った。「波間の兎」とか「雲の中の竜」といわれる日本の古い伝統の飾り模様だ。焼いたり、ワラと湿った砂をこすりつけて古く見せる方法も教えてもらった。柱や梁になる木を釘を使わないで組み合わせる方法も学んだ。イサムは親方にその場で教わりながら、一人前に仕事をした。教わったことはなんでも巧みにこなした。

イサムの腕はどんどん上がり、数年修業した先輩の職人とかわらないほどになって、親方を驚かせた。

「指物師のもとにいた期間こそ、ぼくが受けた教育と名のつくもののなかでただひとつ、心からの喜びを持って学んだものとなった」「人というものはある特定の時期に、大事なことを学んだりしたりする恩恵をこうむるものだ」と後にイサムは語っている。

「流刑の罰」が、下された

指物師の修業は楽しかった。しかし「学校は卒業しなくては」と母の考えが変わってイサムはまたセント・ジョセフ学院に戻り、こんどは寮に入った。イサムの通学が「すこしでも楽になるように」と考えてのことだったが、寮代などの費用がかさんだ。

母はせっかく新築した茅ヶ崎の家を売り払い、横浜の外国人居留地に引っ越した。イサムもこの家から学校に通うことになった。二人の子どもを抱え、父親の米次郎の経済的な援助も乏しく、しかも外国での生活に母は疲れ切っていた。

イサムたち家族の苦しい生活ぶりを見かねて、イサムとアイリスを「養子にしたい」という話もあったが、母はことわった。

それでも一九一八（大正七）年六月、イサムは四年六カ月間通ったセント・ジョセフ学院を卒業した。芸術はいつも一番の成績だった。

あるとき母は、突然こんなことを言い出した。

「イサム、アメリカにいい学校が見つかったわ。行くのはあなたひとりよ」

しかも出発は三週間後で、夏の課外授業の「サマー・キャンプに間にあわせるため」というのだ。アメリカ行きの船をすでに「予約してある」といわれた。

「ひとりで、行けなんて……」。イサムが一番ショックを受けたのは母が勝手に決めたことだった。いろいろ心配をかけたので、「お母さんに見捨てられた。流刑の罰が下されたと思った。

母からすると、もちろん違っていた。イサムが「アメリカ人になりたい」と前から訴えていたし、なにより日本でいい中学校が見つからなかった。アメリカの雑誌を取り寄せてさがしていたら、理想的な学校が見つかったのだ。アメリカのインディアナ州にある全寮制の男子校「インターラーケン校」だ。

母はイサムが中学生になるのをきっかけに、とりあえずイサムだけをアメリカに行かせることを決断した。いっしょに行けないのは、アメリカで仕事が見つからなかったことが大きかった。ドイツとアメリカ、イギリス、日本などが戦った第一次世界大戦が三年も続き、「このままでは、イサムは日本の軍隊に入ることになる」と母は心配した。けれども、イサムは「ぼくに相談もなく勝手に」と受け取ってしまった。この行き違いはイサムの心に大きな傷を残した。

出発の日、驚いたことに、横浜港には父親の米次郎が来ていた。会うのは五年ぶり、はしかにかかったイサムを茅ヶ崎までお見舞いに来てくれたとき以来だ。

「お前は日本に留まれ!」

イサムに向かって父はこう叫んだ。しかも、「自分の子どもにするから行くな」というのだ。父の米次郎は、日本人の妻との間にできた長男を病気で亡くしたばかりだった。

イサムはいっしゅんたじろいだ。どうしたらいいのかわからなくなった。

すると、母が「NO!」と叫んだ。我にかえったイサムは心の底から怒りの気持ちが湧《わ》いてきた。ぼくたちを見捨てておいて、なにをいまさら身勝手な……

「NO《ノー》!」（嫌だ! ぼくは行く!）

イサムは父の申し出を敢然《かんぜん》とふりきって、ひとりで船に乗った。

イサムの精一杯の決意だった。怒りや悲しみ、不安やさみしさ……さまざまな思いが込み上げた。小学校を卒業したばかりのイサムには耐えられないほどの思いだった。

イサムの一一年に渡る日本での生活は、こうして辛く慌ただしく終わった。

一九一八（大正七）年六月二十七日のことだ。

13歳のイサムのパスポート写真

しかし、イサムは後に「毎日がすべて何かしら新しい発見をする子ども時代を、自然の変化に敏感な日本で過ごしたのは幸運でした。……日本ではいつも自然が身近でした」と子ども時代を振り返っている。

第3章　素晴らしい出会いが待っていたアメリカの中・高校生時代——十三歳から

アメリカ横断の大冒険

イサムが乗った大型客船は太平洋を横切りアメリカの西海岸シアトルに到着した。シアトルでは美しい松並木がイサムを待っていた。東海道の松並木を見て育ったイサムはシアトルの松並木に「ホッ」とした。

これからいよいよ、最高峰ロッキー山脈を越えるアメリカ大陸横断のひとり旅が始まるのだ！　胸には名前と行き先が書かれた布きれのネーム・プレートが縫い付けてある。母が作ってくれた。

「こうすれば、迷子になってもなんとかなるだろう……」

シアトルでは、母が手配したＹＭＣＡのおじさんがイサムを待っていた。イサムはおじさんに案内されて汽車に乗り込むと、おじさんがガムをくれた。甘いフルーツの味が口に広がった。いままで食べたことのないおいしさだった。「こんなおいしいものがあるなら、アメリカはいい国に違いない」とイサムは嬉しくなった。

ミシガン湖畔の町シカゴまで行き、シカゴからローカル線で二度乗り換えればめざすローリング・プレイリー村に到着するはずだ。そこから学校までは歩いて三キロだ。

列車のなかは若い兵士でいっぱいだった。一九一四（大正三）年に始まった第一次世界大戦が続いていて、兵士たちはヨーロッパの戦場に向かうのだった。遠い日本からひとりでアメリカに渡ったイサムに、兵士たちは親切だった。いろいろなことを話してくれたし、飲み物や食べ物もわけてくれた。初めは心細かったイサムだったが、だんだんに「これなら学校まで無事に行けそうだ」と元気が出てきたころ、母から預かった大事なお金をなくしてしまった。学校に払う九五ドルの小切手だった。

「どうしよう。でも、日本に帰るわけにはいかない」

イサムは自分で自分を励ましながら汽車の旅を続けた。そして、とうとう着いた。

「ローリング・プレイリー駅だ！」

そこは汽車が止まるだけの無人駅で、下車したのはイサム一人だった。イサムを待っていたのは信じられないほどの蒸し暑さと、とてつもなく広いトウモロコシ畑だった。アメリカ中西部のインディアナ州は、このころもいまも、トウモロコシの一大産地だ。トウモロコシ畑が水平線のかなたまで広がっていた。イサムは、日本とはまるで違うアメリカという国の大きさに圧倒された。

「暑い！　でも、学校はもうすぐだ！」

吹き出る汗をぬぐいながら、イサムはひたすら歩いた。両手の荷物が重い。片方のスーツケースの中には、日本でただひとりの友だちだったぬいぐるみの「テディ・ベア」がしっかりとおさめられていた。もう片方は大工道具箱で、指物師に弟子入りしたときに使っていた道具が入ったイサムの「宝物」だ。

やがて、緑豊かな自然につつまれたインターラーケン校が見えてきた。

一九一八（大正七）年七月十七日、イサムの生まれて初めての「一大冒険の旅」は無事に終わった。日本を出発してから、すでに二一日が過ぎていた。

学校といっても、夏の「サマーキャンプ」だ。生徒たちは校舎のそばにテントを張って生活していた。

到着したイサムはすぐに「大旋風」を巻き起こした。日本から持ってきた大工道具で、すぐさま木彫りで魚のコイを作ってみせた。コイは生きているように見えた。木のスプーンも「あっ」という間に作った。そばで見ていた先生も「うまいねえ」と驚くほど、すばらしい出来栄《できば》えだった。指物師に弟子入りしたときに教えられた、プロの技だ。イサムには早速ニックネームがついた。

東洋からやってきた木彫りの「天才少年」……

学校が閉鎖

信じられないことが起きた。イサムにとってあまりにもきびしい現実だった。

実は、インターラーケン校は、イサムが到着したときすでに閉校が決まっていたのだ。学校の創立者エドワード・A・ラムリーがとつぜん警察に逮捕されたのだ。逮捕の理由は国家に対する「反逆罪」だった。

ラムリーの先祖はドイツからの移民だ。ミシガン湖近くのラ・ポートという町に家を構え、農機具の「鋤《すき》・プラウ」を製造して財をなした。ホテルやレストランなども経営し、ラ・ポートでは有名な一族だった。エドワードはその三代目だ。イギリスやドイツの大学に留学し、帰国後に故郷ラ・ポートで医院を開業した。ドクターをもじって「ドック」と呼ばれる医者だった。ドイツに留学したころ、教育にも関心をもった。

「自然の中で自然に学びながら、アメリカの開拓者魂を持つおとなに成長していく」という大きな夢を描いて、故郷でインターラーケン校を創立した。

そのころ「ニューヨーク・イブニング・メール」新聞社を買い取り、経営するようにもなっていた。ところが、当時は第一次世界大戦中で、アメリカとドイツは敵国として戦争をしていた。ドイツの移民を先祖に持つラムリーは「敵国ドイツのスパイ」などと新聞に書かれ、インターラーケン校も「スパイの養成所だ」といわれたのだ。それは根も葉もないことだった。ラ・ポートの人びとは「戦意を高めるために利用された」と噂していた。一カ月間の「サマー・キャンプ」が終わり、生徒たちはそれぞれ家に帰った。先生たちもいつのまにかいなくなった。イサムは「何が起きたのか」知る由《よし》もなかった。

「なんだか、へんなことになってきた。ぼくはどうしたらいいんだろう」

しかし、イサムには帰るところなどなかった。学校の用務員のおじさんふたりと取り残されてしまった。おじさんたちは「とりあえず、ここにいて様子を見よう」とイサムに声をかけてくれた。校舎のそばにあった小屋で、三人で暮らし始めた。

やがて、二〇〇〇人を超える兵士たちがやってきた。学校はすぐにトラック部隊の兵士たちの訓練場になったのだ。さらに、イサムにはもうひとつの困難が襲いかかった。兵士たちの間で流行していたインフルエンザに感染したのだ。「スペイン風邪」と呼ばれたこのインフルエンザは、いまでもときどきニュースになるくらい、世界で猛威をふるった。世界中で「五〇〇〇万もの人が亡くなった」といわれている。しかし、イサムは幸運だった。しばらくベッドで横になるうちに元気になった。

そして、十一月十一日、第一次世界大戦が終わった。兵士たちはまもなくいなくなった。

イサムはまた、おじさん二人と取り残された。暑い夏に来たのに、学校のそばの湖から吹き付ける風は氷のように冷たくなっていた。

十一月十七日、イサムは十四歳になった。誕生日を祝ってくれる人は誰もいなかった。「友だち」は学校に残された犬と馬だけだった。イサムは毎朝馬にのって、ローリング・プレイリー村まで牛乳を取りにいった。そして、朝食に間に合うように帰ってきた。朝食はおじさんたちが用意してくれたが、粗末なものだった。育ち盛りのイサムはお腹がすいてたまらなかった。西部劇のカウボーイのように、馬をのりまわして食べるものを探した。木の実などをみつけては空腹を満たした。食べるものを探して、「野良犬」のようにそこいらじゅうをうろつきまわった。

「ぼくは、このときから自分で食べていかなければならなかった」とイサムは語る。このころのことを思い出すと、イサムはいつも涙があふれたという。

十二月になると、サマー・キャンプの管理者ルイスの妻がやってきた。ルイス夫人もインフルエンザで入院していた。ルイス夫人はイサムのホームステイ先をみつけ、地元のローリング・プレイリー中学校に転入させてくれた。ルイス夫人もとても親切だった。

中学校に通い始めてわずか数日、イサムは「ジャップ」などと悪口をいわれ「いじめ」られた。アメリカで「いじめ」にあうとは思わなかった。イサムはショックだった。

このときも、イサムは日本で習い覚えた柔術で相手を投げ飛ばした。イサムの人生で三度目の大喧嘩だった。

イサムにとって、嵐のような日びがすぎていった。

救い出してくれた「アメリカの父」ラムリー

「きみが、日本からきた少年かい」

一九一九（大正八）年夏。ローリング・プレイリーでホームステイを続けていたイサムに、とつぜん会いに来た人がいた。大柄で、温かみのあるやさしそうな男性だ。インターラーケン校の創立者ラムリーだった。

中学校を卒業したばかりだったイサムは、この出会いを「このとき、ぼくはラムリーさ

ラムリー一家　立っているのがドクター・ラムリー

ジュリアン・マック、イサベラ・ラムリーと
右がイサム

んに救い出された」とふりかえっている。

　ラムリーは刑務所から釈放されたばかりだった。待ち受けている裁判で身の潔白を明らかにしなければならなかった。ラムリーはその準備にあわただしい毎日を送っていた。ラムリーの夢だったインターラーケン校も手放すことになった。その手続きのためにラ・ポートに帰ってきたのだ。そこで、イサムのことを初めて知った。はるばる日本からやってきたイサムの姿を見て胸が痛み、申し訳ない気持ちでいっぱいになった。ラムリーは、すぐに隣り町のラ・ポート高校に入学の手続きをとってくれた。イサムを預かってくれる家も決め、住まいのあるニューヨークにあわただしくもどった。

　ラ・ポート町メイプル・ストリート二一二番地。ラ

1919年　インディアナにいた14歳のころ

ムリーが見つけてくれたこれからイサムが生活する家の住所だ。そこは教会のマック牧師の家で、マックはラムリー夫人の知り合いだった。ラ・ポート高校を卒業するまでの三年間をこの家で暮らすことになった。マック家は質素ではあるけれど、温かく教養深い家庭だった。イサムは、すぐに家族の一員として温かく迎え入れられた。イサムは十五歳。高校生として、落ち着いた暮らしがようやく始まった。

「ラムリーさんは、ぼくをアメリカ人として教育してくれた。あらゆる知識をあたえてくれた。すばらしい人だった」とイサムは語っている。

父親を知らずに育ったイサムにとって、ラムリーは「アメリカの父」のような存在となった。やがて、イサムのところにラムリーから手紙が届くようになった。イサムはラムリーからの手紙を心まちにした。イサムも、心を躍らせながら、ラムリーに手紙を書き、成績表も送った。「満足してくれる成績であることを願っています」と書いた。

イサムの生活はマック家でめんどうをみてくれたが、それ以外に必要な文房具代などは自分で稼いだ。新聞や暖房用の石炭を家庭に配ったり、出来ることはなんでもした。レンガ積みやボタンの花を植えることまでして稼いだ。

「ラムリーさんはいつもぼくにいった。アメリカでは、子どもは自力で自分の道を切り開いていかなければいけない。とくにぼくのような子どもはね。それこそが、親が子どもに与えられる最高のプレゼントだ。この教えは、いま考えると、その通りだと思う」とイサムはいっている。

アーティストになりたい

一九二二（大正一一）年六月七日。イサムはラ・ポート高校を卒業した。

高校三年間の成績は同級生六四人中トップ。平均点は三年間を通して一〇〇点満点の九二点という抜群のものだった。「野良犬生活」から救い出してくれたマック家やラムリー家に、この成績は最高のプレゼントになった。

イサムには三年間、親しい友だちはいなかった。「いじめ」が待っているだけだからだ。イサムはマック家やラムリー家の人たちとだけ付き合った。両家ともラ・ポート町の有力者だ。それが力になって、イサムを守ってくれた。

「お母さんやアイリスは、どうしているのだろう」

それを考えると心配でたまらなくなった。母からは何の連絡もなかった。父の米次郎は、三年前、全米をまわる講演でシカゴまで来たのに、会いに来てはくれなかった。

イサムは「高校生のころは本当にさみしかった」と話している。そんなときは、いつもマック夫人やラムリー夫人が、やさしい言葉でなぐさめてくれた。

イサムの高校卒業アルバムには、卒業生たち一人ひとりが自分の「将来の目標」を書いている。イサムの目標は他の生徒と少し違う。「大統領になるよりは、ぼくは真実をこそ追求する」と書いた。明らかに、新聞社を経営していたラムリーの影響がみられる。敬愛するラムリーが、「反逆罪」の汚名をきせられたのはなぜなのか。その真実を知りたい気持ちもあったのではないだろうか。「真実」を報道するのが新聞の重要な役目なのだから……

イサムは生涯を通して、朝一番に新聞に目を通し、社会の動きを知ることから一日を始めていたという。


高校を卒業してまもないある日のことだ。イサムはラムリーからこんなことをきかれた。

「きみは将来、なにをやりたいのか」

イサムはすかさず「アーティスト」と答えた。答えてから、妙な気分に襲われる。「どうして、こんなことをいってしまったのだろう」。自分でも思いもよらない一言だった。

「アーティストになる」ことは母とイサムの夢であり、約束だった。でも、アメリカにきてからは芸術とは関係のない生活を続けていた。偏見すら抱き、遠ざけていた。父の米次郎が詩人で芸術家であることが影響していた。なによりイサム自身、アーティストになれる自信がなかった。かといって、何をしたらいいのかもわからなかった。

しかし自分の人生を決める大切なときに、イサムは突然思い出した。自分を生み、苦労して育ててくれた母のことを……。大好きな日本の庭園に連れて行ってくれたのは母だ。

いつも大きな期待をよせてくれた。心の奥底にねむっていた感情がゆり動かされた。

ところが、ラムリーはこう言葉を重ねる。

「芸術なんかでは、生活できないよ」そして「ぼくのように、医者になったら……」と強くすすめた。手先が器用なイサムは「外科医に向いている」と思ったからだ。

けれども、ラムリーはイサムに知り合いの彫刻家を紹介してくれた。とりあえず「自分の力を試してみなさい」というわけだ。このとき、イサムはまだ「どんなアーティストをめざすのか」、はっきりした自分の考えを持っていたわけではなかった。

ラムリーの紹介で、イサムは初めて「彫刻」に出会ったのだった。

第4章　彫刻家への道——十八歳から

ボーグラムから破門

紹介された彫刻家はガッツォン・ボーグラムだ。「近代彫刻の父」ロダンに彫刻を学んだ後、リンカーンやワシントンなど四人のアメリカ大統領の巨大頭像を制作した彫刻家として知られている。崖の岩に彫った像は、いまでもアメリカ合衆国サウスダコタ州ラシュモア山に威容を誇っている。

一九二二（大正一一）年、イサムは夏の三カ月をアメリカ東部コネチカット州に住むボーグラムのもとで修業した。ボーグラムは南部ジョージア州に巨大彫刻を制作中だった。ところが、ボーグラムはなにも教えてくれなかった。自分の彫刻のためにイサムにポーズをとらせたり、冬に備えて広大な敷地にある薪用の枯れ木を集めさせたり……息子の家庭教師までやらされた。

ボーグラムはいつもテンガロンハットをかぶり、馬を乗りまわしていた。まるでカウボーイだ。イサムがいちばん嫌だったのはボーグラムの言葉づかいや態度がとても乱暴だったことだ。イサムとボーグラムは、ときには喧嘩になってしまうくらいだった。

やがてイサムはボーグラムに破門された。

「きみには才能がない。決して彫刻家にはなれないだろう」とまで言われた。

自分の将来を決めるために、イサムにはもう少しの時間と経験が必要だった。

一九二三（大正一二）年二月。芸術の道をいったんあきらめたイサムは、大都会ニューヨークに出た。ラムリーのすすめる医者になるためだ。ニューヨークにある名門コロンビア大学医学部に進学した。当面の落ち着き先はニューヨークのラムリー家だ。大学で必要なお金はラムリーが友人に声をかけて集めてくれた。イサムもレストランの皿洗いなどをして働いた。しかし、医学の授業はさっぱり面白くなかった。「なんて退屈なんだ」とイサ

リンカーン像を制作するイサム　1922年

ムは思った。そんなとき、母が妹のアイリスをつれて突然イサムのところに来た。

じつは、母は三年前にアメリカに帰国していた。サンフランシスコで日本の小物を売る小さな店を開き、細ぼそと暮らしていたのだ。三年間もアメリカにいながら、イサムには連絡をしなかった。このままラムリー家やマック家でお世話になったほうが「イサムは幸せだ」と考えたからだ。

ところが、ニューヨークに来た母はまっ先にラムリーに会い、激しく抗議した。

「息子のイサムは感受性が豊かで、芸術家にむいている。その気質に正反対の医者の道を、なぜすすめたのですか。すぐに大学をやめさせてください」とつめよった。

このとき、イサムは母との埋めがたい溝を感じた。横浜の港で別れてから五年も経っていた。ここまでこられたのも、ラムリー家やマック家の温かい援助があったからだ。それがなかったら、イサムはアメリカ中西部の広大なトウモロコシ畑に取り残されて野垂れ死にしていたかもしれないのだった。

医者をめざしたのも、イサムが自分で決めたことだ。ラムリーはむしろ助けてくれた。そのラムリーに対して「あんな態度をとるなんて」とイサムは許せない気持ちになった。母から受けた「流刑の罰」のわだかまりもぬぐいさることはできないままだった。母は、イサムのすることにいちいち口を出すようになった。

イサムは母を批判の目で見るようになった。再び始めた親子三人の暮らしも三カ月で終わらせた。イサムは近くにアパートを借りて、一人で暮らし始めたのだ。

励ましてくれた野口英世とミチオ・イトウ

このころ、イサムはニューヨークで野口英世博士と出会った。野口博士は、ロックフェラー医学研究所で細菌の研究をしていた。そしてイサムの父を知っていた。イサムの父が講演会で全米を回ったとき、二カ月間滞在したニューヨークで、ふたりは顔見知りになった。同姓ということで、親戚と間違われたこともあった。

その米次郎の息子イサムを、野口博士はかわいがった。野口博士はイサムの将来を考えて、卒業したら自分の研究室に入れるように心を砕いてくれてもいた。あるとき、イサムは野口博士にこんな質問を投げかけた。

「医者と芸術家では、どちらが偉大だと思いますか」

野口博士からはすぐに答えが返ってきた。

「それは芸術家だよ。きみも、父親のような芸術家になりなさい」

イサムの驚きをよそに、さらに言葉を続けた。「反対する人がいるなら説得してあげよう。医者はやめなさい」

野口英世博士

野口博士は世界的な細菌学者だ。その野口博士がなぜ……。このころ、野口博士が数年前に発見した黄熱病の病原体が真実のものかどうか、疑う者が出てきていた。ノーベル賞も三度逃し、医学界に嫌気がさしていた。そんな思いが、イサムに向けた一言に影響していたのだった。

医者になる勉強はイサムには面白くなかった。ふたたび「アーティストになりたい」という思いを大きくふくらませ始めていたイサムは、野口博士の言葉に激しく心をゆさぶられた。

このころ、イサムの気持ちを芸術に向かわせたもう一人の人物がいた。ニューヨークに住む日本人の舞踊家ミチオ・イトウ（伊藤道郎）だ。イサムより十二歳年上の三十一歳。イトウもイサムの父の米次郎を知っていた。

イトウはショー・ビジネスの中心ブロード・ウェイでショーの演出や振り付けを数かずこなし、大活躍していた。

イトウもまた、オペラ歌手を目指し十九歳でパリに渡った。ところが、その地でニジンスキーやイサドラ・ダンカンなど、天才的な踊りの名手に出会った。すっかり魅せられてしまったイトウは踊りの道に進んだ。

イサムの目の前のイトウは外国で生き抜いたたくましさと強さに満ちていた。イトウはイサムに、自分が目指している「道」を熱く語った。

「東洋と西洋の踊りをひとつにしたこれまでにない新しい踊りを目指したい……」と。

舞踊家のミチオ・イトウ

文化のまったく違うアメリカと日本だ。イサムはいままで自分のなかにある東洋と西洋にゆれ、そのどちらでもないことに悩み苦しみ続けてきた。「果たしてぼくは日本人なのか、それともアメリカ人なのか」という「不安」がいつも心のなかにあった。アメリカ人か日本人か、そのどちらかになることにイサムは強くあこがれていた。

イトウの考えはイサムの心を打った。

「そうだ。どちらかを選ぶのではなく、それをひとつにして新しい自分を生みだすのだ。西洋と東洋をひとつにした……」

イトウはこう言ってイサムを励ました。

「不可能と思えることにこそ、挑戦していけ!」

この言葉は、その後のイサムの芸術家人生を貫くものとなった。

彫刻家イサム・ノグチ誕生

「きみは、この学校に入りたいのかい?」

「違います。彫刻に興味はありません。母に言われて見にきただけです」

一九二四(大正一三)年五月のある夜だ。

その美術学校は、セント・マークス・メモリアル教会という古ぼけた教会の一部を利用した夜間の学校だった。ニューヨークの中心グリニッチビレッジに近い、貧しいイタリア移民の子どもたちのための学校だ。授業料は無料で「レオナルド・ダ・ビンチ美術学校」

という名まえが付いていた。

イサムに声をかけたのは校長のオノリオ・ルオトロだった。イタリア・ナポリの王立美術学校を卒業し、ニューヨークのイタリア街にすんでいた。ヘレン・ケラーやエジソンなどの頭像の彫刻でそれなりに知られた三十八歳の若き彫刻家だった。

「まあそういわずに、なにか作ってみたらどうですか？　この土の塊《かたまり》に命を与える、それが彫刻です」

ルオトロのこの一言で、イサムの心は和らいだ。すぐに粘土で「足」を作った。それを見たルオトロは、ひと目でイサムの並なみならない能力を見抜いた。

「ミケランジェロの再来だ」「彫刻の天才だ」と胸が高鳴った。「学校に入るのが嫌なら、ぼくのところで働きませんか？　アトリエの掃除を手伝ってくれませんか？」。ルオトロは矢継ぎ早に言葉をつなぐ。

「教会で教える芸術なんて……」と乗り気でなかったイサムも、ルオトロのあまりの熱心さについに入学を決めた。

「初めはまったく嫌いやという感じ。一歩間違えば、ぼくは彫刻家にならなかったかも知れない。だって、ボーグラムのところでいろいろ経験して、うんざりしていたんだから。ルオトロは、ぼくに見込みがあると信じたんだろう。ぼくは幸運だった。ルオトロには感謝している」とイサムは語っている。

ニューヨークで彫刻家になる場合、ふつうはまず「アート・スチューデンツ・リーグ」という芸術学校に入学する。ところが、イサムはイタリア移民のためのこの小さな夜間の美術学校から始めた。

昼間はコロンビア大学で医学の勉強を続け、夜は美術学校に通って、合間にレストランで皿洗いをして働いた。殺人的なスケジュールをこなした。しかしさすがに疲れ、長続きはしなかった。ルオトロは「きみには才能がある。彫刻一本でいけ」とイサムを励ました。

イサムはコロンビア大学を退学した。ルオトロの仕事を手伝いながら、水を得た魚のようにものすごい速さで彫刻の技を身につけた。「キリスト頭像」「サロメ」「飛び魚の形の噴水口」など石膏とテラコッタの作品を次つぎに制作した。

三カ月後、初めての個展が学校内で開催された。一九二四（大正一三）年八月二十四日の「ワールド・アンド・ワード」紙に、イサムの顔写真付きでこの個展の様子が大きく報道

オノリオ・ルオトロ

された。「作品の持つ勢いと、深みのある感情表現がすばらしい」と絶讃された。

「アーティスト」になることに反対していたラムリーも「きみには、ほんものの才能を感じる。夜を徹してやりとげる気力がすばらしい」と励ましてくれた。

アメリカに来てからずっと、イサムは本名を名のっていた。しかし、この展覧会で初めて彫刻家「イサム・ノグチ」を名のった。「ノグチ」を名のることについて、母は驚いたが反対はしなかった。ノグチは父親の姓だ。日本で暮らしたころ、幼稚園や小学校では日本人として、「野口勇」を名のっていた。

自分や母を捨てた父。あれほど嫌った父。その父親の姓を、彫刻家になる決心をしたイサムは、なぜ名のったのか？

子ども時代の十一年間を過ごした日本の影響は大きかった。イサムにとって「ノグチ」は「芸術の心を育ててくれた日本」を表す言葉だった。イサムは移民の国のアメリカ人であるからこそ、自分のルーツを明らかにしたかった。芸術の道を選んだとき、改めて自分の中にある「日本」を深く意識したのではないだろうか。

このとき、イサムは二十歳をむかえようとしていた。ミケランジェロの彫刻「ダビデ像」にも似た、意志の強い精悍な顔立ちの青年に成長していた。

「芸術について迷ったとき、いつも日本が思い出された。なにか新しいことに挑戦しようとすると、必ず日本での体験が頭をもたげた」とイサムは語る。

子ども時代というものは、こんなにも大切なのだ。

第5章　自分の彫刻をさがして——二十歳から

彫刻の「先生」ブランクーシ

「レオナルド・ダ・ビンチ美術学校」で個展を開いた後、ルオトロとは「喧嘩別れ」になってしまった。ミケランジェロのような彫刻しか認めないルオトロに、イサムは反発したのだ。イサムは自宅近くに初めてアトリエを構え、自分がめざす彫刻を探し始めた。

ちょうどこのころ「グッゲンハイム奨学金」について教えてくれる人物がいた。若手の芸術家や研究者たちの才能をのばすために奨学金を支給するというものだ。イサムはさっそく応募し、みごとに合格した。

グッゲンハイム奨学金の申込書にはこう書いた。

「自然の目を通して芸術を見てみたい。……いままでと逆のこのような態度によって、彫刻は予想もしなかった美の高みに到達できるにちがいありません。……石と木の彫刻の技術においては、わたしはまだ不十分だと思っています。……さらに、父のように東洋と西洋を融合する芸術を追求したい……」

イサムはまずパリに行き、それからインド、中国、そして日本にも足をのばしたいと考えていた。

一九二七(昭和二)年の春、二十二歳のイサムはパリのサンジェルマン・デ・プレにいた。サン・ジェルマン・デ・プレにはたくさんの芸術家が住んでいた。

イサムはカフェにいた。夢中で話しているのは「ブランクーシ」についてだ。ルーマニアの彫刻家コンスタンティン・ブランクーシは、そのころの「抽象彫刻の巨人」といわれた人物で五十一歳。「近代彫刻の父」ロダンに師事したくて、故郷ルーマニアからパリまでの道を歩いてきたというエピソードの持ち主だ。

イサムは一年前、ニューヨークで初めてブランクーシの彫刻を見た。初めて見る抽象彫刻で、木や石などの材料を極限まで単純にした造形だった。抽象彫刻というものが世界にまだ認められていなかったこの時代、イサムは「自分の目指すべき彫刻はこれだ」と感激し、ずっとあこがれていたのだった。

イサムの話が一息ついたところで、隣の人物がイサムを誘った。

「ところで、いまからブランクーシに会いにいきませんか？」

なんと、ブランクーシの知り合いだった。イサムはびっくりして答えた。

「えっ、いいんですか」

ブランクーシは突然の訪問に、やさしい笑顔で迎えてくれた。大きなガラスの窓から明るい光が差し込んでいた。一歩室内に入ったイサムは言葉を失った。目の前に立っているブランクーシはまっ白な衣装を身にまとい、頭の毛とあごひげが白かった。壁の色はもちろん大きなテーブルやごみ入れのカバー、ストーブなど……、どれもこれも真っ白だ。飼っている二ひきのイヌまでもが白で、しかもそばにある餌用のボウルは、ちぎったレタスが入っているものの白いミルクで満たされていた。部屋の中は何から何まで真っ白だった。

イサムはブランクーシの芸術家としての精神に感激し、さっそく「弟子にしてください」

ブランクーシのスタジオで　1928年

と願い出た。

「わたしは、弟子はとらないのです」とブランクーシはいった。

イサムは「それでは、石を切るための助手にやとってください」とたたみかけた。

「それなら、いいでしょう」

「ブランクーシは弟子をとらないことで有名だった。それがパリについて二日目に会い、しかも助手にまでなれるなんてまれにみる幸運だった」と後にイサムは振り返る。

次の日から、ブランクーシの助手としての生活が始まった。最初にあたえられた仕事は石を切り出して表面を平らにすることだった。ブランクーシは道具を実際に持って、身振り手振りで教えてくれた。イサムも

イサムの師　コンスタンティン・ブランクーシ

身振り手振りでまねをした。道具の使い方は、茅ヶ崎で指物師に教えてもらったことが役に立った。

好奇心いっぱいのイサムだ。一所懸命仕事をするが、つい窓の外が気になった。ここはパリで、何もかもが珍しい。ステキな女性が窓ごしにチラチラ見えることもあった。すると、ブランクーシの厳しい声がとんできた。

「窓の外を見てはいけない。仕事に集中しなさい。いま、この瞬間を最高のものにしなさい」

彫刻を制作するときの大切な心構えをイサムは学んだ。イサムはブランクーシのもとで七カ月間の助手生活を続けた。その後、近くにアトリエを構えて彫刻の制作を続けた。

イサムは後に「ブランクーシは死ぬまで子どもの心を忘れない、純心で天真爛漫《てんしんらんまん》、無邪気な人だった」「いま、この瞬間を最高のものにしなさい、というブランクーシの教えはいまも守っている」と振り返っている。

イサムを知る人もまた、イサムについて「まるで子どものような心を持った人だった」と語っている。

生涯の親友、フラー

イサムはもうすぐ二十五歳だ。二年間のパリ留学を終えて、帰国したばかりだった。グッゲンハイム奨学金はパリ留学で使い果たしてしまった。

そんな一九二九(昭和四)年十月二十日のこと。ニューヨークのグリニッチビレッジの安酒場「ロマニー・マリー」はたくさんの客であふれかえっていた。入り口にはこの日から始まるイベントのお知らせがはってあった。三人の人物が登場する予定だ。

その三人のなかにイサム・ノグチとバックミンスター・フラーがいた。それぞれ「アメリカの若き彫刻家」と「ダイマキシオン・ハウスの発明家」と紹介されていた。このイベントで二人は初めて出会った。フラーは三十二歳。なにからなにまで、イサムと対照的な人物だ。

フラー家の祖先は白人のアングロサクソン系で、アメリカが独立する一七七六年以前からアメリカに住んでいる旧家だ。ボストン生まれ、名門ハーバード大学を卒業。建築家の娘と結婚し、その稼業をついでいた。子どももすでにいた。親戚《しんせき》はみんなハーバード大学出身で生粋のアメリカ人だ。

フラーは制作したばかりの「ダイマキシオン・ハウス」について、大声でイサムに話し始めた。組み立て式のプレハブ住宅の先がけのような家、それが「ダイマキシオン・ハウス」だ。「ダイマキシオン」は、フラーの造語だ。「活動的」という意味のダイナミックと、「最大限」という意味のマキシマム、そして「伸びる」という意味のテンション、この三つを「合体」させた言葉だ。

この初めての出会いで、ふたりはすっかり意気投合した。イサムはさっそく「頭像を作らせてもらいたい」と申し込んだ。フラーは二つ返事で受けた。イサムは、さまざまな材料の中から、新しい素材の金属ニッケル・クロムを使うことに決めた。そのころ発明された車のボディに使われていた金属だ。できあがった頭像はピッカピカに光っていた。未来学者でありツルリとしたフラーの顔にぴったりで、大評判となった。

フラーが頭像のモデルになったとき、旅行したとき、歩きながら、コーヒーを飲みながら、ニューヨークのブルックリン橋を渡りながら、ふたりは夢中で芸術について語り合った。イサムはさまざまな人から多くのことを学んだが、このフラーからも多くのことを学んだ。物の形や位置、空間に関する性質など……初めて聞く話に、イサムは大いに興味をそそられた。人間、彫刻、庭など、それぞれに空間がある……イサムは初めて聞くことばかりだった。

とくに、「スペース・空間」という考え方は重要だった。フラーによれば、人間にもスペースがあるという。人間が明日に向かって元気に生きていくためには「人間のためのスペースが必要」ということだ。後に、イサムの芸術の核をなす考え方となった。

地球を宇宙の空間に浮かぶ惑星の一つ「宇宙船地球号」と名づけたのは、この人フラーだ。「わたしたち乗組員はこの地球を壊してはならない。守っていく責任がある」とことあるごとに訴えていた。人類と地球、宇宙の未来について、いつも考えをめぐらせていた。若い人たちと語るときは、特に話に力がこもった。フラーはこの時代では珍しい「未来学者」の先駆けとでもいうような科学者だった。

イサムは、自分とはことごとく異なるフラーの「生い立ち」について、羨ましがった。イサムは小学校までは日本で暮らし、中学・高校時代はアメリカで過ごした。東洋である日本と西洋であるアメリカ、まったく違った文化の中で子ども時代を過ごした。しかも、育った期間は、真っぷたつといっても良いくらいに分断されていた。さらに、全く違った三つの地域の民族を先祖に持っていた。母の父親つまりイサムの祖父は、ヨーロッパのアイルランドからきた移民だ。母方の先祖にはアメリカ先住民がいた。そしてイサムの父はアジアの日本人だ。

イサムは「父親の愛情」というものを知らずに育った。イサムの心のなかには、いつも不安な気持ちがあった。だれも待っていてくれる人がいない、帰るところがない、自分の居場所がない、そんな孤独な感情だ。アメリカにいれば日本が恋しくなるし、日本にいれ

バックミンスター・フラー（左）と　1970年代

ばアメリカが恋しくなる……その感情は大人になっても消えることはなかった。

常に追い求めたワクワク感同様、その帰属感がイサムを芸術に向かわせた原動力の一つではあったが……

イサムは、たとえばフラーのように、人びとが「ふるさと」といえる土地にどっしりと根を張っていることに大きなあこがれを持っていた。「そうだったら、どんなにいいだろう」といつもフラーに話していた。

フラーは言う。「彼（イサム）が口にしたことをわたしは思い出す。すべての人間同様に、できうればひとつの強力な文化に、さもなければせめてある社会に、同胞としてしっかりと所属することに深い憧れを抱いていた」と。しかし、フラーはイサムが「……どこにあっても常に気楽な、世界をわが家とする、生まれながらの性分であった……宇宙時代の芸術家の原型だった」とも見抜いていた。

イサムとフラーの友情は、その後一九八三（昭和五八）年にフラーが亡くなるまで五四年間にわたって続いた。お互いに多くの影響を与えあった。イサムはフラーを「ぼくの生涯の師にして親友だ。ぼくの創造力をかきたてる偉大な教師だった」と語っている。

自分さがしの旅

「ロマニー・マリー」でイベントが開かれている最中の十月二十四日。世界を揺るがす大事件が起きた。この日は木曜日だった。後に「暗黒の木曜日」と名付けられ語りつがれている事件だ。きっかけは、ニューヨークの株式市場で株が大暴落したことだ。世界経済はみるみる悪化し、会社は次つぎに倒産した。アメリカばかりでなく、世界中に失業者があふれた。世界恐慌だ。

イサムの彫刻も売れなくなり、生活のために頭像を制作した。これまで頭像は「自分の彫刻ではない」と思っていた。しかし、生きるための「糧を得る」には、イサムには頭像制作しか方法がなかった。すべてルオトロのレオナルド・ダ・ビンチ美術学校で教えてもらった技術だ。ケンカ別れのようになった「先生」ではあったが、こんなところで助けられるとは思いもよらなかった。母と妹の生活も援助していたので、イサムの生活は大変だった。

幸いにも、フラーのピカピカの頭像が評判になり「パリ帰り」ということもあって頭像の注文は相次いだ。イサムはお金のありそうな人には高額の制作料を請求した。それなりに名前も知られるようになった。

しかし、イサムは、だからこそ、自分の彫刻を探し求めて、なんとしても飛び立ちたかった。自分の未来を見つけたかった。自分の彫刻を根本的に見つめ直し、本当の彫刻家になりたかった。そして「なにかを表現するときに、かならずよみがえる自分自身のなかの日本」を確かめたくもあった。

また、あれほど嫌った父ではあったが、このころから気持ちが変わってきた。父は抽象彫刻の芸術家たちについて詩を書いていた。イサムも知っている芸術家たちで「芸術家はみんな綱渡りの危険のなかで生きている」という詩だった。彫刻家を目指したイサムをおもって書いたのかどうかはわからない。しかし、なにか理解しあえるものがあるのではないか……。イサムは日本の父に会いたくなった。

イサムは頭像で稼いだお金で「自分さがしの世界旅行」を計画した。グッゲンハイム奨学金も、引き続き第二回目が支給されることになった。

一九三〇（昭和五）年四月十六日、イサムはふたたびパリに向けて出発した。日本にも行くつもりだった。ところが、到着してまもなく、父から信じられない手紙が母宛てに届いていた。「ノグチを名のって東京にきてはいけない」というのだ。なんということか。イサムは大きなショックをうけた。パリからすぐに日本に行く予定だったが、この父の反対で途中の中国・北京に立ち寄ることにした。

初めての中国・北京だったが、イサムはすっかり中国が好きになった。気がつくと何カ月間も滞在し、お金も残り少なくなっていた。

イサムは意を決して日本に向かう。「ぼくは日本にいきたいんだ。しかも、ぼくのお金でいくのだからお父さんに遠慮することはないんだ」と自分に言い聞かせながら……

十三年ぶりの日本だった。滞在していた東京・丸の内のホテルに父がやってきた。慶応大学教授だったが、実際に会ってみるとやせこけた気の弱そうな老人に見えた。イサムを傷つけた「ノグチを名のってはいけない」という手紙のことも「家内が反対して……」と弁解した。二人で向かい合ってみると、これまでの辛かったことが次つぎに思いだされた。ひとつ言葉を発すると「恨む言葉」が止めどなく出てきそうで、息がつまった。そうはいいながらも、父は自分の二番目の兄の家を落ち着き先にしてくれた。

イサムは、彫刻家の高村光太郎などあちこちを訪ねた。はじめて大西洋横断飛行に成功し、日本に来ていたチャールス・リンドバーグ夫妻にもあった。

そして、向かった京都では清水焼《きよみずやき》の宇野仁松を訪ねた。宇野は日本に古くから伝わる伝統の「登《のぼ》り窯《がま》」を二つも持つ世界的な陶芸家だった。滞在した四カ月の間に、イサムは日常の生活用品ではない作品を制作した。足柄山の金太郎にヒントを得た「えらいやちゃ・ほい」や「中国娘」「伯父の高木」などの作品だ。焼き物の特徴を生かした素朴なおもしろい作品ができあがり、イサムは満足した。

数多くの日本庭園にも足を運んだ。枯山水で有名な「竜安寺」など美しい日本の庭園に心をうばわれる。この庭園めぐりで、イサムは「日本の庭園は、もしかしたら空間の彫刻ではないのか」と思いついた。日本庭園は空間を大切にしていたし、造形の美しさだけではなく精神的な感動があったのだ。フラーに教えてもらったことが、脳裏をよぎった。京都帝室博物館で出会った「埴輪」にも心をうばわれた。古墳時代に、墓である古墳に飾ったのが「埴輪」だ。「埴輪」は素朴ではあるが日本のルーツであり、彫刻だ。

父との再会、日本のルーツ、日本庭園での空間の発見など……、イサムの日本滞在は実り多いものだった。「京都こそ偉大な教師であった」とイサムは思う。

十七カ月間におよんだイサムの「自分と日本さがしの旅」は終わった。アメリカに帰り、イサムは父に手紙を書いた。

「今回日本を訪れたことを、ぼくは後悔していません。……ぼくは日本にさらに強い愛着を感じています。よさも欠点もふくめて人を愛するように、深い人間愛と子どものときの夢の基盤を、日本で確認しました」

（一九三一（昭和六）年十一月一日付）

イサムが書いた実の父親への初めての手紙だった。

それからまもない一九三三（昭和八）年十二月三十一日、母レオニーが貧乏に苦しみながら病気で亡くなった。五十九歳だった。日本の文化を深く愛するようにイサムを導いたのは、日本の文化が大好きだった母だ。ときには溝ができたこともあったが、困難の中にあっても常にイサムに期待をよせ、力になり、励まし続けてくれた母だった。

未来の彫刻「プレイマウンテン（遊び山）」

一九三三（昭和八）年から翌三四（昭和九）年にかけての凍てつく冬の日、イサムに突然あるひとつの考えがひらめいた。

「未来の彫刻とは、この地球の大地を美しく刻むものではないか……」

地球そのものが彫刻の対象だ。地球全体を美しい彫刻作品と考える。もちろん環境のことも考えなければならない。これまでの彫刻は美術館でながめるだけだった。イサムはその考えを根底からくつがえした。

「そうだ。彫刻は外に出なければならない」

そう思いつくと、心が湧きたち新しいアイデアが次つぎにうかんできた。頭がどうにかなりそうだ。燃えるように熱い。イサムの「なんとしても自分の未来を見つけたい。自分の彫刻を見つけたい」という熱い思いが、この「ひらめき」につながった。

このときイサムは二十九歳。「彫刻の道」を歩み始めて十年が経っていた。イサムはその思いを早速三つの作品にした。

一つ目は「アメリカ建国の父」のベンジャミン・フランクリンだ。偉大なアメリカの政治家であり、稲妻に電気が走っていることを突き止めた科学者でもあるフランクリンの業績を称えた作品だ。二つ目の「プラウのモニュメント（記念碑）」は西部の開拓を進めた農機具プラウ（鋤）を象徴した作品だ。そして三つ目が子どものための彫刻「プレイマウンテン（遊び山）」だった。イサムはこれを「遊ぶ山」ではなく「遊び山」という日本語にした。

イサムはこの三作品のなかで、まず二つのモニュメントをニューヨークのＷＰＡ（公共事業促進局）に持ち込んだ。

世界恐慌はまだ続いていた。ニューヨークも仕事のない芸術家たちであふれていた。ときのルーズベルト大統領は失業者救済のためのニューディール政策を立ち上げていた。その一環が失業者の救済機関「ＷＰＡ」だった。ところが、ＷＰＡのニューヨーク市の担当者はイサムが勇んで提出した作品を「もっと、彫刻らしいものを」と受け入れなかった。

そこで、イサムは三つ目の「プレイマウンテン」を提出した。「プレイマウンテン」はニューヨークのセントラル・パークにつくる計画で、子どものための大がかりな遊び場だ。「子ども時代は、きらきらと輝く楽しい始まりの時代でなければならない」とイサムは考えていた。イサムは子どものころ、家族みんなで遊園地に出かけて楽しく遊んだことはない。自分が体験できなかったからこそ「子どもたちに心をワクワクさせて遊んでもらいたい。すべての子どもたちにプレゼントしたい」という思いで作品にしたのだった。環境芸術、公共の空間、アース・アートなどという地球環境を守る芸術は一九六〇（昭和三五）年ごろに登場する。それより三〇年も前に、イサムはすでに同じようなことを考えついていたのだ。

「未来の彫刻は、この地球を美しく刻むものではないか……」という考えは、長い間考

「プレイマウンテン」模型　1933年

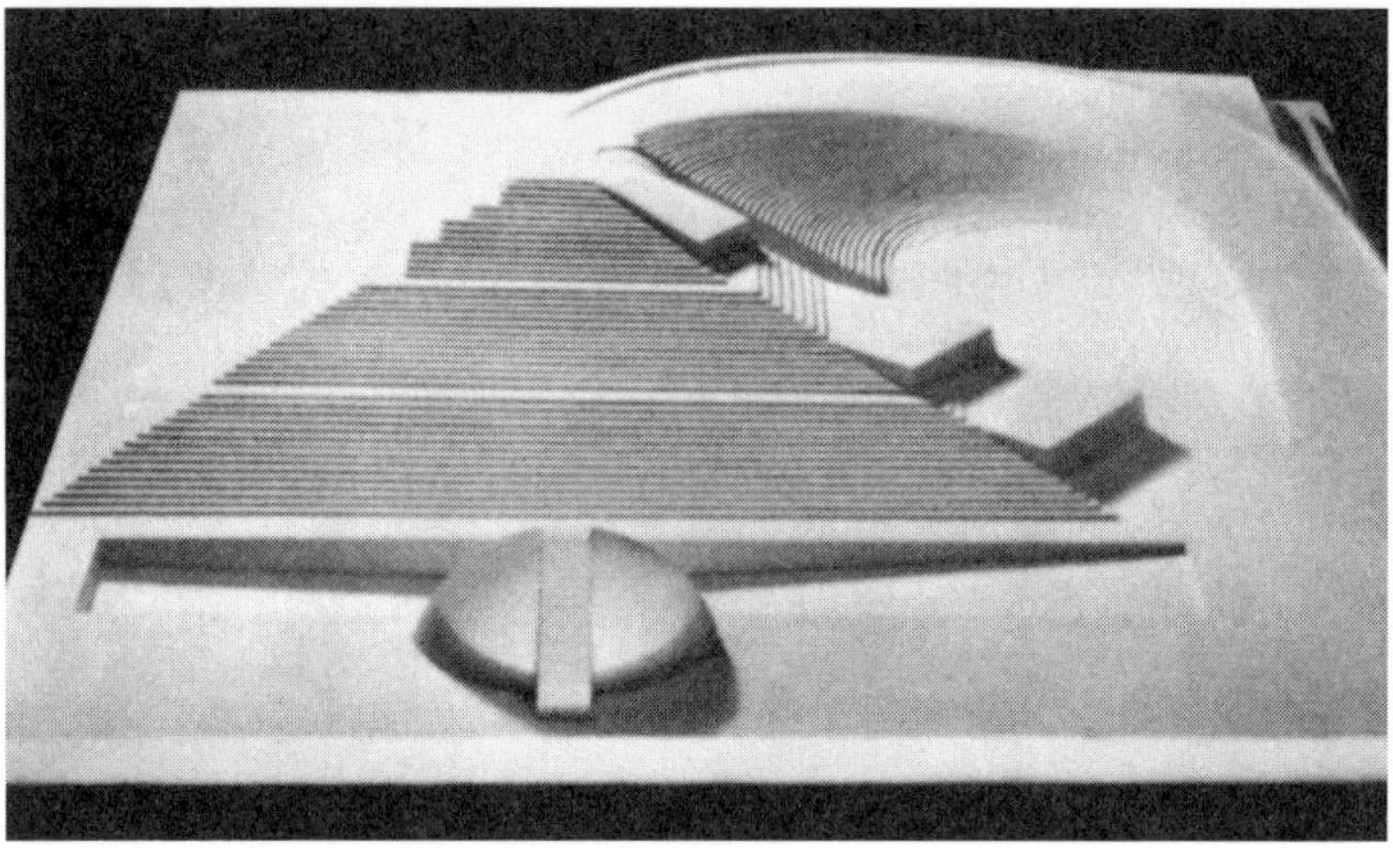

えてきたことを土台にして、イサムがようやくつかんだ「芸術の魂」だった。

その考えを彫刻にした作品が「プレイマウンテン」だ。子どもの心を躍らせる、子どものための遊べる芸術作品だ。イサムが尊敬する彫刻の先生で抽象彫刻の巨人ブランクーシの「子どもの心を失った者はもはや芸術家とはいえない」という教えを、ようやく作品にしたものだった。

「プレイマウンテン」はピラミッドをおもわせる三角形の山だ。石で積まれた横の直線が何段にも重なって山頂まで続く。山の稜線は美しい三角形で形作られている。夏は水を流して巨大な滑り台にし、冬はそり遊びなどで楽しむ。四季を通して子どもたちが楽しく遊べる「山」だ。

イサムは、ＷＰＡの担当者に「ぼくの、新しい彫刻です。子どもが楽しむ彫刻なんです」と必死で訴えた。ところがＷＰＡの担当者は笑って突き返した。

「プレイマウンテン」はこの後、イサムの芸術を表すシンボルとなる。イサムは生涯をかけて「プレイマウンテン」の実現にチャレンジし続けることになった……

第6章　戦争に苦しむ――三十六歳から

父の国と母の国が戦争

イサムが会心作と思った未来の彫刻「プレイマウンテン」が、ニューヨーク市当局から突き返された。この間、舞台装置やラジオのデザインを手がけたり、メキシコにいって壁画を制作したりした。特に、ロープ一本で空間を表現したマーサ・グラハム舞踊団の舞台装置は絶讃をあびた。

世界にニュースを発信しているAP通信社のコンペにも優勝した。いまもAP通信社の正面入口を飾るステンレス製の縦八メートルの巨大レリーフ「NEWS（ニューズ）」だ。日系アメリカ市民協会から「今年一番に活躍した二世」としてメダルをもらった。外国で生まれて、その国の市民権を持つ子ども……それが二世だ。イサムはそのとき初めて「二世」という言葉を知った。

この日、一九四一（昭和一六）年十二月七日（日本時間で十二月八日早朝）は日曜日。まだ午前中のことでもあり、道路は空いていた。イサムはステーションワゴンを気持ちよく走らせていた。頭像制作のためにカリフォルニアに来ていた。ロサンゼルスを出て、メキシコ国境の町サンディエゴを目指していた。ある有名女優の頭像を制作するために大理石を買いに行く予定だった。退屈だったのでラジオのスイッチをいれた。

とつぜん、男性アナウンサーの叫ぶような声がとび込んで来た。

「日本軍がハワイの真珠湾《パール・ハーバー》に停泊中のアメリカ太平洋艦隊を攻撃しました」

「太平洋戦争」の始まりとなった日本軍の真珠湾奇襲攻撃を、ラジオのニュースは繰り返し伝えた。

イサムは耳を疑った。体が凍りついてしまった。なんということだ。父の国と母の国が

1941年12月7日　日本軍に攻撃された真珠湾

戦争を始めた。

「ぼくはどうすればいいのだ。もう芸術活動はできない」

イサムは大きなショックを受けた。

二年前の一九三九（昭和一四）年。ヒトラー率いるドイツ軍がポーランドに攻め込んで、第二次世界大戦が始まっていて、ヨーロッパでは不穏な空気が漂っていた。この日の日本軍の真珠湾攻撃で、アメリカをはさむ太平洋まで戦争が広がってしまったのだ。

この間、イサムは日本とアメリカ両方の国から戦争の敵国を批判することに「協力してほしい」と頼まれた。日本からは「日本に帰ってきて反米の宣伝をしてもらいたい」といわれていた。アメリカからは「軍国日本の宣伝家の父親米次郎あてに公開質問状を書いて批判してほしい」というものだった。イサムはいずれも断ったが、自分のおかれている複雑で辛い立場を身にしみて感じていた。

イサムはこの難局を前に、自分に何ができるのだろうか「とにかく、ぼくは最善をつくそう」と決意する。

日米開戦により、日本軍がいつアメリカ本土を襲ってくるか……。西海岸のアメリカ人たちは恐怖と不安でいっぱいになった。日本人や二世たちが危険人物とみなされ、次つぎに逮捕された。そのころロサンゼルスに住んでいたイサムの友だちのミチオ・イトウもアメリカ連邦警察局ＦＢＩに逮捕された。

イサムは自分自身を含めた日系人たちを保護するために「二世作家及び美術家民主主義動員同盟」を作り、代表になった。アメリカ政府のあるワシントンまで出かけていって、政府に「日系人を強制的に収容するのは人種差別。いますぐ止めてほしい」「二世はアメリカの市民である」などと直接要請した。ところが、政府からは退去命令が下され、活動を続けることはできなくなった。「戦争のときは、きみみたいな混血児が一番困るんだよ。役に立たないんだよ」などと当局から口汚く言われた。

一九四二（昭和一七）年二月十九日、日系人の強制収容が大統領令によって決定された。アメリカ西海岸を中心に、日本人や日系二世たちが強制的に集められた。やがて一〇カ所の日系人強制収容所がアメリカ各地に作られ、一二万人もの日系人たちが強制的に収容されることになった。

イサムは「自由のためになにかしなければ……」という思いでまたワシントンにいき、内務省アメリカ・インディアン局を訪ねた。すると、局長から「強制収容所の環境を良くするために、手を貸してもらえないか」と新たな提案があった。「収容所のなかで、先住民インディアンたちの手工芸や美術を広めるために協力してほしい。二世たちといっしょに収容所に入ってそこで働いてほしい。開発してほしい」と頼まれた。イサムは、迷わず引き受けた。

「日系人強制収容所」はおもにアメリカ西海岸にすむ日系人を収容するためのものだ。ニューヨークで暮らしているアメリカ人のイサムは入所しなくてもよかった。しかし多くの友だちの反対を押し切って、イサムは自分から進んで「日系人強制収容所」に入所した。

「ぼくも、半分は、日本人なのだから……」という止むにやまれぬ思いからだった。

ポストン日系人強制収容所

一九四二（昭和一七）年五月十二日のことだ。イサムは、アリゾナ州の砂漠にある「ポストン日系人強制収容所」に到着する。ステーションワゴンを自分で運転してきた。ポストンはすでに四〇度をこす灼熱《しゃくねつ》の暑さだった。午後になるとすさまじい砂嵐が吹いた。

木を打ちつけただけの粗末な木造長屋の収容所が建設途中だった。後にその数は八百棟にもなり、さらに一部追加されることになっていた。収容所のまわりはとげとげの針金が突き出ている有刺鉄線が張り巡らされ、ものものしい雰囲気だ。

イサムが到着してから一〇日ほどたつと、強制的に集められた日系人たちが次つぎにやってきた。一六日後の六月七日には一万七千人の日系人たちでふくれあがった。収容者は名前ではなく番号で管理された。水が不足し、三度の食事も粗末なものだった。食事もシャワーも列を作って並んだ。起床と就寝はサイレンで知らされた。

ポストン強制収容所　1942年

しかしイサムは張り切った。六月に入ってすぐに行動を開始した。「開発」といってもなにも用意されていない。とりあえずそばのコロラド川で流木を拾ったり、収容所建設で残った木材などを集めた。外出の許可も出たので、近くの村にでかけレンガ製造のための粘土を手に入れた。道具は自分で持ってきたものを使った。

一カ月半ほどで遊園地や野球場、水泳プールなどのレクリエーション区と農園、墓地などをデザインして次つぎに提出した。木工や木彫りの教室も用意した。イサムは戦争中でさえも「遊園地」作りに力をつくした。

異常な事態の中でイサムを支えたのは、友だちから届く手紙だ。どの手紙もイサムがとった行動や健康について心配していた。

妹のアイリスは「兄さんの手紙を感動して読みました。まるで自分を罰するような生活をしてまで、そこで意義のある生活が本当にできるのですか」と心配する手紙をニューヨークから書き送ってきた。

やがて、イサムはだんだんにわかってくる。「せっかちな性格」と自覚してはいたが、とにかく期待したようにことがすすまないのだ。インディアン局からは「収容所を良くしてもらいたい」と頼まれた。けれども、ポストンの収容所を直接担当する「戦時局」に「開発」する気はなかった。ただ、収容者たちの「時間つぶしになればいい」としかおもっていなかった。さらに、気心が知れるようになってくると大きな問題が横たわっていることに気づいた。

予想していたことではあったが、人種による偏見だ。

イサムは純粋な日本人ではない。半分は白人だ。国籍もアメリカだ。日系人たちはアメリカで生まれたアメリカ人だが、両親は日本人だ。年齢も二十歳くらいの若い日系二世に対してイサムはすでに三十七歳。しかも彫刻家としてそれなりに知られていた。日系二世たちは農民の子どもたちが多い。イサムとは、なにかにつけて合わなかった。なにより、イサムは自ら進んでここに来た。しかも政府高官の紹介だ。他の独身者たちはひとつの部屋に数人が押し込められていたのに、イサムは広い部屋を一人で使っていた。強制的に連れられてきた日系人たちからすると、なんとなく「あやしい人物」と思われるのも無理はなかった。

イサムの「開発」に、誰も力をかしてはくれなかった。やがてイサムは、ここは「ぼくのいる場所ではない」と思った。イサムは収容所を出る決意をする。戦争中のことでもあり、イサムの訴えはなかなか聞き届けられなかった。まったくのひとりぼっちだった。

覚悟をしてきただけに、こころざし半ばでくじけてしまったことにイサムはどうしようもなく気持ちが落ち込んだ。寂しさと暑さが体にこたえた。

収容所に来て一八四日目、出所願を出してから一〇八日目のその日。イサムは夜の暗闇の中、来た時と同じように一人で車を運転してポストン日系人強制収容所を後にした。戦争真っただ中の一九四二（昭和一七）年十一月十二日のことだった。

イサムが収容所を出る直前、ポストンも含めいくつかの収容所で暴動が起きた。積み重なっていた不満がふきだしたのだった。

アメリカ政府は差別の訴えを認め、このとき強制収容された日系人たちに、四十余年後の一九八八（昭和六三）年、正式に謝罪している。

イサムは後に「戦争は、混血児を幸福にはしません」と話している。

第7章　人間と社会に役立つ彫刻をめざす――四十五歳から

初心にかえって

一九四五（昭和二〇）年八月十五日、第二次世界大戦は終わった。

イサムは第一次と第二次の二度にわたる悲惨な世界大戦を体験した。とくに、第二次世界大戦は、「原爆」という世界で初めての人類絶滅の恐怖をはらむ核兵器の使用で終わった。しかも落されたのは、子ども時代をすごした父の国の日本だった。この人類、地球の危機を救うためには「破壊された人間の精神を取り戻さなければならない。それは芸術の仕事だ。ぼくは彫刻を通してなにができるのか」とイサムは考え続けていた。

そして「もっと広い世界とふれあいたい。もっと大きな自由を探し求めたい」と心から願った。あらためて「彫刻を勉強し直そう」と決意した。

「芸術家の創造はどのような価値を持つのか。それを世界の太古の文化遺跡から学びたい。初心に戻らなければ……」

悲惨な戦争の体験がイサムの決心をいっそう堅いものにした。イサムは研究の資金を得るためにボーリンゲン基金を申請し、認められる。研究のテーマは「自由・レジャーの環境」だ。成果は一冊の本にまとめる約束だった。

アメリカでいう「レジャー」は、日本で使われている「遊び・余暇」という意味とは少し違って、「魂の自由」という意味が強い。「精神をリフレッシュするためには遊びもふくめて精神の自由な時間が必要だ」というような意味だ。そのためには豊かな自然や環境が必要だ。

イサムは一九四九（昭和二四）年に出発した。研究は約二年間の予定だ。イギリス、フランス、イタリア、エジプト、インド、インドネシア……など世界中をまわり、最後に日本に立ち寄る計画だ。

イサム・ノグチ制作《この責め苦しめられた地球》1943年、香川県文化会館蔵

各地で先史時代の巨石遺跡をまわった。ストーン・ヘンジ、古代ローマの広場、ボロブドール遺跡、など……。巨石の美と力に圧倒された。どの国でも、その遺跡がいまも変わらず街の中心になっていることに驚いた。

宗教や政治がまだなかったそもそもの始まりの時代には、遺跡や広場の中心は「子どものためのもの」であったこともわかった。その時代の子どもたちは家族とともにそこに集い、好きなように遊ぶ。そういうふれあいの中から芸術も生まれたのではないか。太古の昔、それらの芸術作品を作った芸術家たちは社会のために働いていた。人びとの暮らしに役に立っていた。

日本では、京都の庭園に再び足を運んだ。日本

の庭園は人間の精神をリフレッシュさせる空間であることが身を持って理解できた。

このボーリンゲン基金の旅で、イサムは大きな収穫を得た。

「現代の芸術家も同じ道を見つけなければならない。人びとと社会をリフレッシュさせる、人びとに役立つ芸術を……」

人びとの生活を豊かにした「ＡＫＡＲＩ（あかり）」

一九五一（昭和二六）年六月のある日。日本に滞在していたイサムは、岐阜駅近くの「岐阜提灯」の老舗「尾関次七商店」（現・株式会社オゼキ）を訪ねた。

イサムはこのころ、岐阜市長から岐阜の伝統産業「岐阜提灯」を世界に広めたいので、「デザインを考え、製品を制作してほしい」と依頼されていた。

イサムもまた、前から作りたいと思っていた「光の彫刻のヒントになるのではないか」とおもい、訪ねてきたのだった。

作業場で提灯の説明を受けるイサム　1978年

応対に出た店主の尾関秀太郎は、有名な彫刻家の突然の訪問にびっくりした。まなざしは鋭かったが、人なつっこい笑みとさしだされた大きな手の温かさに感動した。秀太郎は、早速、提灯の陳列場、作業場へと案内した。

「大きさは」「なにに使うんですか」「どういう風につくるのですか」など、イサムは、美しい岐阜提灯を見ながら熱心にしかも事細かに、秀太郎にいろいろなことを質問した。

一所懸命に説明しながら、秀太郎はイサムの理解力に感心した。

この日から、イサムは忙しい合間をぬって、なんども岐阜にやってきた。住んでいるアメリカ・ニューヨークから、直接訪ねてくることもあった。そのたびに、用意してきた図面やスケッチをみせながら、すぐに試作品の制作に取りかかるのだった。

夜遅くまで制作に励むイサムの熱い仕事ぶりは、秀太郎をはじめ手伝う職人たちの心を深く打った。イサムは秀太郎に「まわりの空間を明るく照らすような彫刻を、どうしても制作したいんです」と熱く語った。それはイサムの生きてきた人生と深く結びついていた。


「お月さま、お月さま」

日本で暮らした三歳のころ、夜空を仰いで大はしゃぎしているのは寝間着姿の幼いイサムだ。縁側を走り回って大喜びしている。お月さまが雲に隠れるときは「あんどん」が使われた。「あんどん」は和紙で囲ったお皿に油を入れて芯を浸し、その芯に火をつけて明かりをともす照明道具で、そのころ日本の家庭で使われていた生活用品だ。

幼いイサムはお月さまの明かりさえあればごきげんで、すぐにすやすやと寝息をたてた。

フランスのパリに留学していたとき、イサムは来る日も来る日も先生であるブランクーシの金属の作品を磨き続けた。そのときイサムは「本物の光を使った彫刻ができないものだろうか。作りたい」と思った。さらに、戦争中の「ポストン日系人強制収容所」にいたとき。夢も希望も、そしてひとすじの「明かり」さえもなかった戦争中の「暗い生活」だった。その中でイサムは明るい世界への限りない憧れの気持ちをふくらませていた。「明るい光を持った彫刻を作りたい」とイサムが本気で考え始めたのはボストンにいたころだった。

イサムが尾関次七商店を訪ねてから四カ月、秋も深まった十月のある日のこと。制作したばかりの「光の彫刻」に初めて灯がともされた。使われている和紙独特のやわらかな光が薄暗い部屋のなかをやさしく包んでいる。

「思いどおりです」

イサムは満面の笑みを浮かべた。見守っていた秀太郎や職人たちも「ほっ」とした表情を浮かべた。

「張り型」とよばれる木製の「型」に竹ひごを巻きつけ、上から和紙を張って作るのが「提灯」だ。とくに、質の良い和紙と竹の産地だった美濃（いまの岐阜県）は昔から提灯の産地だった。「岐阜提灯」とよばれ、将軍にも献上されるほどの名品だった。

ところが、この日に初めてお披露目された一五個の「光の彫刻」は岐阜提灯とはまったく違っていた。竹ひごは太く、形も提灯を少しつぶしたようなものから四角や長四角、途中ででこぼことふくらんだ形のものもあった。とくにみんなを驚かせたのは、その色だ。すこしクリーム色がかった「生成《きな》り」の白色のままだ。模様も何もない。すべてがとてもシンプルだった。豪華な岐阜提灯とは、まったく違う美しさにあふれていた。

イサムは自信にみちた口ぶりでこういった。

「この和紙の効果がすばらしいんです。光量をほどよく分散させて部屋全体をやわらかな光で包んでいる」

さらにこう言葉を続けた。「これは提灯ではありません。光そのものの彫刻で『あかり』と呼びます。英語は『ＡＫＡＲＩ』です」

イサムがどうしても制作したかった「光の彫刻」が誕生した。漢字で「日」と「月」を組み合わせた文字の「明り」という言葉からとった「あかり」という名前はイサムが考案したものだ。イサムは出来上がったばかりの試作品を、「空間」を教えてくれた親友のフラーに送る手はずを整えた。折りたたんだ「あかり」はそれはそれは小さくなった。かばんに入れて、どこにでもかんたんに持ち運びできるほどだ。

芸術と生活を結びつけた生活に役にたつ「あかり」こそ、岐阜市やイサムが求めていた芸術だ。一五作品から始まった「ＡＫＡＲＩ（あかり）」は、今や二〇〇種類にもなって、日本を初め世界中の「空間」を優しく包んでいる。

イサムは『ＡＫＡＲＩ（あかり）』は空間に安らぎを与え、だれでも手に入れることができるぼくの自信作です」と胸を張っている。

悲劇の傑作・原爆慰霊碑

「まるで、ポンペイですね」

カメラを構えながら、イサムはつぶやいた。ベスビオ火山の噴火で全滅した古代ローマの都市ポンペイを思いだしたのだ。

一九五一（昭和二六）年六月十一日、カメラを片手にしたイサムは浜井信三広島市長と建築家丹下健三《たんげけんぞう》に案内され、原爆が落とされた後の広島の街を歩いていた。広島を訪れるのは初めてだ。レンガや石が粉ごなにくだけて道路をおおい、とても危ない。建物は瓦礫《がれき》の山となっていた。墓地の墓石はくずれたままだ。あたり一面が焼け野原で、なんとも言えない嫌な臭いもただよっていた。原爆が落とされてすでに六年がたつのに戦争の傷あとがまだ生なましく残っていた。

それでも、人びとはなんとか立ちあがろうとしていた。板きれ一枚の犬小屋のような家があちこちに建ち、生活が始まっていた。

イサムは前年の五月二日に日本に来ていた。一九年前に訪れたときには、実りは多かったけれど、思い描いていた「ぼくの日本」を見つけることができなかった。その間に戦争もあった。戦争が終わった次の年、イサムはニューヨーク近代美術館の「一四人のアメリカ人」展に「大理石片の組み合わせ彫刻」を出品し、大絶讃をあびていた。

今回はおそるおそる日本に来たのだった。しかし、日本に着いたとたんにイサムの心配はふきとんだ。イサムは大歓迎されたのだ。以前に感じたよそよそしさがどこかに吹き飛び、熱い友情が待っていた。戦争が終り、日本を新しく立て直す意欲や希望に日本中の人びとが沸いていた。

イサムは「ぼくにもなにかできることがあるのではないか。役にたつことがあるのではないか……」と期待に胸をふくらませた。戦争で疲れ切っていた日本の人びとに、イサムは勇気と元気を与える人物と映ったのだった。

あとにもさきにも「このころの日本が一番好きだ」とイサムはいっている。

イサムは一九五〇（昭和二五）年八月、東京で「イサム・ノグチ作品展」を開き、広島の復興と平和を願った作品「ベル・タワー（鐘楼）」を発表した。イサムは作品展の記者会見で「私の大きな関心は戦争でなくなった人のために広島かどこかにベル・タワーを設計することです」と話した。

イベントの最中に、建築家で東京大学助教授の丹下健三から浜井信三広島市長を紹介された。市長から「ぜひ、広島でなにか制作してください」と伝えられた。

丹下は広島市が公募した「平和記念都市計画」コンペに一等で当選していた。一九四九（昭和二四）年のことだ。「平和記念都市計画」は「平和記念公園」、「平和記念資料館」、記念公園をはさむ「二つの橋」、「原爆慰霊碑」を含む「広島平和記念施設・広島ピース・センター」の建設などを予定していた。丹下は「平和記念公園」建設の全てをまかされた「現場責任者」だ。国の援助を受けるために、それらの進み具合は「広島平和記念都市建設専門委員会」が審議検討することになった。

丹下は、すでに「平和記念公園」にかける「二つの橋」のデザインをイサムに依頼していた。イサムは一つの橋に「生きる」という願いを込めた「つくる」、そしてもう一つの橋に別れを意味する「ゆく」と名づけた。なかにはイサムの芸術について「奇妙なかたちで、なんだかよくわからない」という意見もあった。しかし、一九五一(昭和二六)年に出来上がった橋の評判はよかった。

丹下は原爆慰霊碑のデザインにも「ノグチ氏の芸術をとりいれたい」と考えていた。イサムは「芸術家としてこんな栄誉はない」と感激し、無報酬で引き受けた。市長も大賛成だった。三人がこのことについて話したのは「イサム・ノグチ作品展」のときだ。そのときイサムは正式に依頼され、引き受けたつもりでいた。

それにしても、一九五〇(昭和二五年)年五月二日に日本に来て以来、イサムのスケジュールは殺人的だった。アメリカと日本を飛行機で三往復。行ったり来たりしながら広島の

「二つの橋」のデザイン、父米次郎との「和解」の意味で引き受けた慶応大学の「新万来舎」のデザイン、そして講演会、作品展、歓迎会なども予定され、息つくひまもなかった。「二つの橋」と「新万来舎」は、イサム不在のまま作品が完成したくらいだ。結婚もした。

ところが、イサムは思いもよらない不運に見舞われた。丹下から頼まれた「原爆慰霊碑」をデザインして広島市に送った一九五二（昭和二七）年一月のことだ。

それまで二回にわたって広島に行き、原爆の悲惨さや怖さをつぶさに見て、イメージをふくらませてきた。大学の丹下研究室を借りてぎりぎりまで考えをめぐらせていた。地上にはすべての人が思い出を新たにする巨大なアーチを配した。そのアーチの足が地表をつきぬけ、原爆で亡くなった人の名簿が地下に安置される。そこは遺族を慰める場所であり、新しい命を宿す母親のおなかをイメージしていた。アーチは巨大な黒い御影石で制作する予定だった。イサムは精魂こめてデザインし、「広島死没者記念碑」と名付けた。すべて、丹下から「広島平和記念都市建設専門委員会」に報告されているはずだった。ところが、突然イサムの案が不採用となった。

三月に入り、浜井広島市長から「不採用」の通知が正式に届いた。イサムは驚いて広島に向かった。「たった一通の手紙で不採用にするとは余りにもひどい」と強く抗議した。彫刻家としてのプライドがこれ以上ないほど傷つけられた。新聞もとりあげ、大ニュースとなった。しかし、浜井広島市長は「もう決まってしまったことで……」とことばを濁した。

このとき、イサムは不採用の理由が「自分の芸術と関係ないところにある」と悟った。委員会の重要なメンバーがこういって丹下にせまっていた。

「原爆慰霊碑はアメリカ人ではなくて日本人の手で作りたい。川にかける橋とは違う。もともと丹下の仕事ではないか。ノグチをとるか、ぼくをとるか」

イサムはこう振り返る。

「原子爆弾を落とした国の人間として、ぼくはギルティ（罪）を感じてきました。確かにぼくはアメリカ人ですが心は日本人で、B29（大型爆撃機）が日本を空爆した日、どんなに心をいためたことでしょう。父のことも心配でした。……慰霊碑はほかのだれよりもぼくにさせてもらいたかった」

そしてその怒りの気持ちを「お腹を半分えぐられたような思い」と激しい言葉で表現した。

一方、丹下もまたイサムとの板ばさみで苦しい日びを送っていた。後にイサムから告げられた「もう、あの事はわすれましょう」という一言に「胸の詰まる思いであった」と打ち明けている。

いま広島にある「原爆慰霊碑」は、このあと丹下が四カ月後にせまった記念式典に間に合わせてデザインしたものだ。イサムの「広島死没者記念碑」は「幻の傑作」「悲劇の作品」などといわれながら伝説となって、現在ニューヨークの「ノグチ美術館」に模型が保管されている。このイサムの「広島死没者記念碑」について「二十世紀を代表する彫刻作品になっただろう」と残念に思う人は多い。

《広島死没者記念碑》模型　1952年

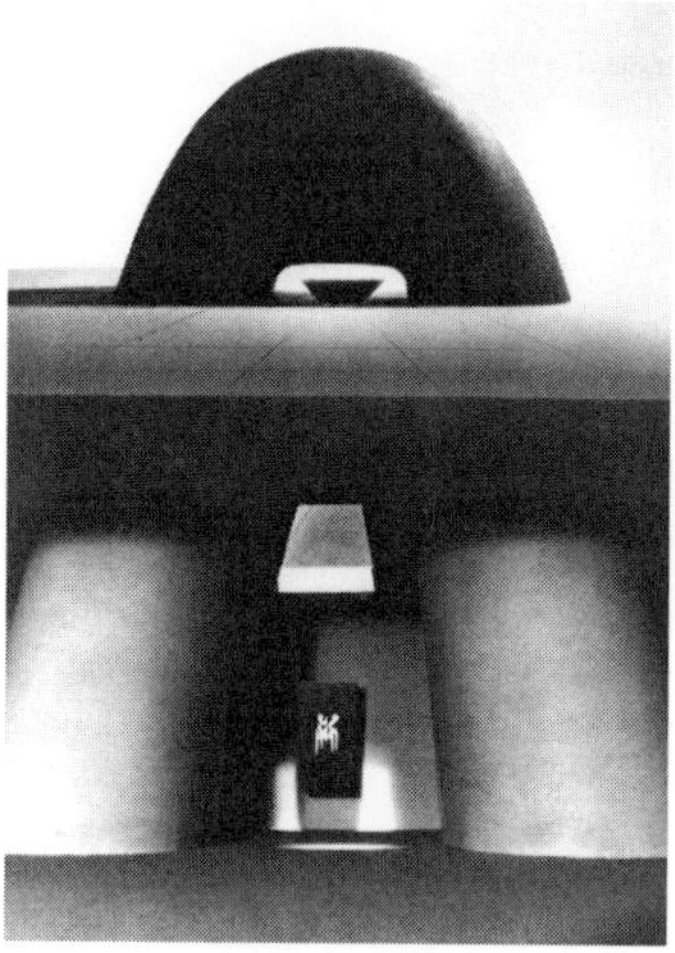

世界の人が集う「ユネスコ・ガーデン」

一九五六（昭和三一）年六月十三日、イサムのもとに大きな仕事が飛び込んできた。フランスのパリに建設中のユネスコ総本部ビルの庭の設計だ。フランス政府が一万坪の土地を提供し、総本部ビルの建設が始まっていた。ユネスコは庭をデザインできる芸術家を探していた。「できれば、アジア系を代表する芸術家にしたい……」

そこで選ばれたのがイサムだ。ピカソ、ミロ、ムアといった超一流の芸術家のなかにイサム・ノグチが入った。他の五人に比べると、イサムは無名に近かった。

長年の夢であった「空間と彫刻」をチャレンジする機会がやってきたのだった。

イサムは、すぐにパリの現場に足を運んだ。まず、石を探さなければならない。日本庭園の巨匠重森三玲を紹介された。ユネスコ・ガーデンのシンボルともなる一番大切な石は徳島県にあった。奥深い山の峡谷を流れる鮎喰《あくい》川にあることを、重森が教えてくれた。

その日は朝から土砂降りの雨だった。イサムたちは日本の番傘《ばんがさ》をさして一つ一つ石を選んだ。東京の丹下研究室であらかじめ練って置いた計画書に基づいて、約八〇個の大きな石をえらんだ。イサムは石探しの作業を一日でやり抜いた。

手伝ってくれた職人たちはみごとな腕前で石を動かしてくれ、作業は順調に進んだ。

そのあと、一〇日間で石を一カ所に集める。試験的に石を組み上げてみる。この作業に四日かかった。合わせて重さ八八トンの大石は二トントラック五〇台分になった。すべてが驚くほど順調だった。イサムは改めて、石の文化について長い伝統を持つ日本の素晴らしさに感激する。「満足のいく仕事になった」と思った。

ところが、パリの作業員は石を扱えないことがわかった。一個の石を端から端まで動かすのに三週間もかかったのだ。イサムはまた重森に連絡した。しかし送ってくれた職人たちはイサムの考えどおりには動いてくれなかった。伝統的な日本庭園の石の扱い方と、イサムが指示する石の扱い方が違っていたのだ。職人たちはすぐ日本に帰ってしまった。

困り果てているイサムに、重森はもう一度救いの手をさしのべた。京都の造園業の老舗《しにせ》にたのんで、腕のいい若い職人の佐野輝一を送り出してくれた。佐野輝一は現在「桜守り」

として知られる一六代目佐野藤右衛門だ。佐野は「日本庭園を作るのではない、イサムの庭作りの手伝いだ」と父親から口をすっぱくして言い含められてきた。

佐野はサクラをはじめ数えきれないほどの若木を持って、パリにやってきた。仕事が始まると、大変なことが次つぎと起きた。樹木を扱うプロの職人として、納得できないことをいわれるのだ。ふたりとも、口論のはてに疲れ果ててしまう。佐野はなんど「このまま日本に帰ろう」と思ったかしれない。しかし、イサムの「いいものを作りたい」という気持ちは佐野にもよくわかった。大切な意見には「聴く耳」を持っていた。それがあったから佐野は我慢した。

ストレスを募らせる佐野を支えたのはおいしい日本食だった。パリに住んでいる日本人たちはユネスコ・ガーデンの完成を心待ちにしていた。二人のために、おいしい日本食を作ってくれた。

佐野は「あのおいしい食事がなかったら、とっくに日本に帰っていました」とふりかえる。

さまざまな困難を乗り越えて、ユネスコ総本部ビルは一九五九(昭和三四)年五月にオープンをむかえる。イサムが仕事を引き受けて三年がたっていた。イサムにとって初めての本格的な「ガーデン」の制作だった。

イサムはユネスコと資金や石集めに協力してくれた日本の友人たちに感謝の意味をこめて、庭の一部を「ジャルダン・ジャポネーズ」(日本の庭)と名づけた。庭の一角に水を流して小さな滝に見立て、真ん中に平和と友好の願いを込めて漢字の「和」の字を刻みこんだ。イサムは「偏《へん》」と「旁《つくり》」を逆にした面白い「和」の字を作った。

《ユネスコ・ガーデン》1957年

それから約三〇年。一九八八(昭和六三)年にこの広場で大茶会がもよおされた。総本部ビル建設三〇周年のお祝いだ。ユネスコ・ガーデンは彫刻家イサム・ノグチの世界デビューの作品としてよく知られるようになっていた。

たくさんの参加者の中に、年齢を重ねたイサムと佐野の姿があった。苦労して植えた樹木が枝を広げ、見事な空間を作っていた。

肌の色や言葉の違う世界の人びとが、日本の

「和」の精神を持って集い、言葉を交わしていた。それこそがイサムが心から願っていたことだった。

このとき、佐野はイサムのあふれる涙を初めて見た。

第8章　子どものための芸術「公園作り」を追求――五十七歳から

四回もやりなおした「リバーサイド・ドライブ・パーク・プレイグラウンド」

イサムはイスラエルやアメリカ・ニューヨークなどでいくつもの大きな仕事にかかっていた。一九六一（昭和三六）年の夏は、忙しい毎日だった。そんなときに「ニューヨークのマンハッタンに、子どもの遊び場をぜひデザインしてほしい」という話が持ちこまれた。

イサムにしてみると「子どもの遊び場」の仕事は、一九三三（昭和八）年に「プレイマウンテン」をデザインして以来、「やりたい」と思って三〇年近くたつ。一九五三（昭和二八）年にも国連の前庭に「子どものための遊び場を作ってほしい」という依頼が来たが、結局実現しなかった。

子どもの遊び場は自分の「芸術の魂」だと思っている。けれどイサムが胸を張れるような思い通りの遊び場は、まだどこにも実現していない。こんどのこの仕事は「引き受ける」というよりは、仕事が近づいてきて巻き込まれてしまったという感じだ。依頼人は「国連」のときと同じ慈善家の夫人だった。同じく慈善家だった叔母を記念する「遊び場にしたい」というのだ。

夫人の熱心さにイサムのやる気に火がついた。「こんどこそ」という気持ちだ。

場所はハドソン川沿いの「リバーサイド・ドライブ・パーク」。七二番通りから一一三番通りまで続く公園の「一〇一番通りから一〇五番通りまでをデザインしたらどうか」というのだ。保育所を建て、そのまわりを「楽しい遊び場にする」という計画だ。

イサムは「一緒に仕事をする建築家が必要だ」と考え、ルイス・カーンを選んだ。カーンはそのころ一番の建築家だった。カーンも喜んで引き受けた。「わたしたちはあらゆる年齢の子ども、そして大人たちがみんなで楽しく遊べるランドスケープ（美しい景観）を考えている」とアピールする。

《リバーサイド・ドライブ・パーク》の模型の前でデザインを練るイサム　1963年

ふたりはさっそく「第一案」のデザインを制作する。カーンが建築の部分を受け持ち、イサムは遊び場のデザインを受け持った。野心的なデザインだった。保育所はおわん形で冬でも日が差し込み、夏は噴水や水遊びができるように設計される。広いスペースをたっぷり使ってさまざまな遊び場がデザインされる。

まず三角形の段を積み重ねた「プレイマウンテン・遊び山」。イサムが「どうしても作りたい」と願っている作品だ。これはどうしても欲しい。それから、山のような地形を利用した巨大なふたつの滑り台、もぐったり出たりして探検できる巨大な穴、自由に遊べる広いスペースもある。迷路や砂場、音楽や人形劇、演劇を楽しむ劇場もある。

それらが美しい色で統一され、楽しい景色を作る。

　こうして第一案は一九六二（昭和三七）年に出来上がった。イサムとカーンは最終の第五案まで、四回もデザインを変更して書きなおした。変更したのはニューヨーク市が出してきた「自然環境と調和しなければならない」とか「お年寄りのことも考えなくてはいけない」などという要望に応えてのことだった。イサムとカーンはニューヨーク市から出されたあらゆる問題に関して誠実に対応してやり直した。みんなが、とりわけ子どもたちが楽しく遊ぶ場所だからだ。なんとしても「実現したい」という願いと熱意、特にイサムが一番大切にしたことは、「子どもたちの安全」だった。

　そして、反対運動もあった。「緑のきれいな場所をこわして、コンクリートで固めるのか」というのだ。そんな公園を作れば「貧しい黒人やプエルトリコ人の子どもたちがたむろして危険だ」という意見もあった。イサムたちは住民たちの集会に参加して「だからこそ、みんなが楽しく遊び憩うことができる遊び場をつくりたい」と説得した。

　一九六六（昭和四一）年に、第五案がようやくニューヨーク市当局の承認を得た。ところがなんとしたことだろう。市長選挙で新しい市長が選ばれると、新市長はこの計画をつぶした。「遊び場を作らない」ことは選挙の公約だったのだ。

イサムの「遊び場」はまたもや「幻」で終わってしまった。

ことごとくつぶされた「遊園地」制作

「ぼくは子ども時代を与えられないままにきた。幼い子どもが楽しむふつうのことが、ぼくには与えられなかった」「どの子にとっても、子ども時代は明るく澄んだ始まりの世界だろう」「私が創造したものを、子どもたちに発見してもらいたいのです。そして、原始人がそうしたように、子どもたちにも直接大地と向き合ってもらいたいのです」

イサムは「子ども時代」をこう表現する。

イサムには楽しい少年時代は少なかった。だからこそ、みんなで楽しく遊ぶ公園や遊園地にあこがれる気持ちは人一倍だったのではないだろうか。

彫刻家になることを決意し、自分の彫刻を発見した若きイサムは「未来の彫刻とは、この地球の大地を美しく刻むものではないか」という画期的な考え方を生みだした。美術館に置いてながめるだけの、それまでの彫刻とはまったく違うものだった。

自然と大地を結ぶ彫刻を制作し、その空間のなかで、子どもたちは体を使って自由に遊ぶ。子どもだけではなくて大人もいっしょに楽しむ。そして、明日への生き生きとした活力を取り戻す。イサムが考える「子どもの遊び場・公園」は全体が美しい彫刻となるのだ。

古代社会以来、自由と余暇を意味する「レジャー」がどんなに大切だったか。イサムは精神の創造と遊びの世界をつないだ。両方を生き生きさせることが、イサムのなによりの願いなのだ。

西洋の公園は広大な森林の中に湖や牧場、ログハウスなどがある。広大な土地は昔は王侯貴族のものだった。イサムの「子どもの遊び場・公園」は西洋で発展してきた伝統的な公園とは全く違う。都市の中の「子どもの広場」だ。イサムは都市に住む人びとの明日への活力を蓄える「憩いの場」が生まれることを願った。

その願いを具体的な形にしたのが一九三三（昭和八）年の「プレイマウンテン（遊び山）」、イサムが二十九歳のときの作品だ。それからずっと、イサムは「プレイマウンテン（遊び山）

を、世界のどこかに制作したい」と願い続けてきた。

イサムはこれまで二〇カ所近くの「遊園地」や「公園」をデザインした。ほぼ三年にいちどの割合だ。日本では一九八七（昭和六二）年に「葛西臨海水族園の前庭をデザインする」という計画があったが、立ち消えになってしまった。このときは、子ども時代を過ごした「心のふるさと」とおもう大好きな日本での仕事だっただけに、がっかりした。

イサムは、地形をそのまま生かした「公園」を考えたこともあった。一九四一（昭和一六）年の「地形に沿ってつくられたプレイ・グラウンド」、山や谷などのもともとの地形を生かして「公園にする」というものだ。ニューヨークのセントラル・パークのどこかに作る予定だったが、第二次世界大戦が始まって話は立ち消えた。

「遊園地」や「公園」は費用がかかるし広い土地も必要だ。環境のことも考えなければならない。それらの問題が入り混じって計画がだめになることがおおかった。

それでも、小さいものではあるが、二カ所の公園が実現した。ひとつはアメリカ・ジョージア州アトランタにある「ピーモント・パーク・アトランタ」。一九七六（昭和五一）年に完成し、イサムがデザインした遊具が初めて登場した公園だ。もうひとつが日本の「こどもの国」。一九六五（昭和四〇）年に神奈川県横浜市に作られた。イサムがデザインした遊具がいまでも子どもたちに楽しまれている。

一九七〇年代に実現したデトロイトの「フィリップ・ハートプラザ」でも素晴らしいことがおきている。自動車の街デトロイトは不景気で暴動が起きた。ところがイサムがこの広場を作ると、そこに人びとが集い街が平和になったのだ。

イサムは「これこそが、彫刻家がやる仕事だ。広場を作ることによって街や人びとが元気になり、さらにおだやかになった。それがいいんだ」と誇らしく語った。イサムが「公園」や「子どもの遊び場」にどれだけ力を注いでいたかがわかる。

イサムは「わたしはわたしの考える遊園地を、たとえどこであろうと作りたいと考えている」と、いつも熱く語っていた。

最終章　「これは、ぼくの仕事です」

始まりは、たった一本の電話から

一九八八（昭和六三）年の正月のことだ。

「じつは、いま遊園地の話をしているんだけれど。札幌になんとかできないかなぁ？」

ニューヨークからかけられた一本の国際電話。これがイサムの五五年間あたためてきた大きな夢をかなえる始まりだった。

電話をかけているのは札幌のある企業の経営者で、イサムの若き友人だ。イサムが「お正月はニューヨークにいる」というので、イサムの仕事仲間に誘われたのだ。

アメリカではただ一つ個人の名前が付いているこの「ミュージアム」はイサムのアトリエを改築したもので、一九八五（昭和六〇）年に完成したばかり。ニューヨーク・イースト川の川向こうにある。まわりは小さな工場やショップが立ち並ぶ活気にあふれた労働者や移民の街だ。

正月は休館だったが、はるばる日本からやってきた若き友人にイサムは展示してある彫刻作品のひとつひとつをていねいに説明した。ある作品の前に来たときだった。

「ぼくがいま一番作りたいのは、遊園地プレイマウンテンなの」と、イサムはいった。その友人には幼い子どもがいた。「こんな遊園地が札幌にあったらどんなにいいだろう。子どもといっしょに思いっきり遊ぶのに」と思った。

イサムは言葉を続けた。

「でも、最後まで完成したものはまだないんだ」。さみしさとくやしさの入り交じった、なんともいえない表情だった。

友人は、イサムの願いを「なんとかかなえてあげたい」という気持ちが心の底からわいた。「北海道は広い。もしかしたらイサムさんがおもうような公園ができるのではないか」

と思った。「札幌で作ることはできませんか」とイサムに聞くと、「機会があれば、ぜひやりたい」と、すぐに返事が返ってきた。イサムの言葉には力強い意志が感じられた。

次の日、ニューヨークから札幌市役所に国際電話がかかった。タイミングがよかった。札幌市ではこのころ公園を作る計画が持ち上がっていた。話は一気に進み、「世界の巨匠に公園のどこかをお願いしよう」ということになった。

初めての視察

寒い！　おもわず体がちぢこまる。本州ではサクラが咲く季節なのに、北海道はまだ冬だ。ここ札幌市郊外「モエレ沼」にも雪が残っていた。

「モエレ」とは北海道の先住民アイヌの人たちの言葉で「美しい静かな水面」という意味だ。大むかし、市内を流れる豊平川が氾濫《はんらん》を繰り返して残ったところが沼になった。それがモエレ沼だ。ところが、馬のひづめのような形をした沼に囲まれているまん中の土地は、札幌市のごみ捨て場になっていた。ゆくゆくは公園にする計画だったものの、その時まで一五年近くも、たくさんのごみが捨てられていた。ごみが山になり、近くに住む人たちは悪臭に困りはてていた。

一九八八（昭和六三）年三月三十日、ふだんはだれもいない「モエレ沼」を男の人たち数人が足早に歩いていた。その先頭にたってひときわ早足で歩きまわる人がいた。茶色の薄手のジャンパーに黒いゴム長靴《ながぐつ》姿。足元はとけた雪でどろどろだ。ほおには深いしわがきざまれているが、大きな目は輝き鋭い光を放っている。日本人のようにも見えるが目の色は青い。雪をふみしめてどんどん進み、方向をかえてまた進む。ときどき立ち止まってまわりを見回している。

彫刻家イサム・ノグチ。八十三歳。公園のデザインを札幌市から依頼され、数日前にニューヨークから到着。きのう、日本の自宅がある高松市から飛行機で来たばかりだった。

このとき、イサムはなにかにとりつかれたような雰囲気だった。同行しているのは札幌市の公園担当係長をはじめ、仕事の関係者たちだ。

札幌市が考えていた公園の候補地は、「芸術の森公園」など三カ所あった。この日、イサムはすでにぜんぶ見終わった。どこも気にいらなかった。

「どこもできあがっています」といった。

札幌市の職員たちは「わざわざニューヨークから来てくれたのに」とがっかりした。しかしせっかくの機会だ。「なんとかしたい」と全員が必死に考えた。

打ち合わせをしていたときだった。「あそこが残っている」と職員のひとりがいった。それが、「モエレ沼」だった。みんなはいっしゅん絶句した。公園にする計画はあるけれど、いまはごみ捨て場のままだ。ごみが山になっている。世界的な彫刻家をそんなところに案内していいものか……。もともと正式候補ではないおまけの場所だった。ところが、イサムは「すぐ行こう」と立ちあがった。全員があわててあとに続いた。

「モエレ沼」に到着すると、イサムは一目でこの場所が気にいった。まるで自分を待っていてくれたように感じた。

とくにイサムの心をとらえたのは、なにもない広ーい広ーい「空間」だ。はるか向こうに雪を頂く北海道の山やまが連なっていた。周りを囲んでいる「沼」が素晴らしいながめを作っていた。きらきらと光る美しい水面に、イサムは心を奪われた。なにより嬉しかったのは、なにもない手つかずの場所だったことだ。広さは、ニューヨークにあるセントラル・パークの半分、東京ドームなら四〇個分もあった。

「いまどき、こんな場所が残っていたとは驚きだ」

イサムの心は躍った。


イサムが北海道に来たのはこのときが初めてだった。空港から札幌市内までの風景は本州とは違っていた。家も屋根もとてもカラフル。道路は広くどこまでもまっすぐだ。どこもかしこも広びろとしていた。ハルニレ、カラマツ、ポプラやシラカバなど、本州では見られない樹木がのびのびと枝を広げていた。

人びとの物おじしない態度や心遣いや雪のある風景に、イサムは青春時代を過ごした大好きな活気ある時代のアメリカと共通するものを感じた。

特に心を打ったのは、そのとき出むかえてくれた札幌市の職員たちの姿だった。イサムはこれまでに、世界各地で市や町の役所の人たちとかかわってきた。しかしひとことでいえば、みんな「お役所仕事」。いったん決まると変更がきかないし、前になかなか進まないのが普通だった。

いいアイデアが浮かべばどんどん変える……イサムの仕事ぶりは特に有名だったが、そんな芸術家の精神と役人とはいつも衝突ばかりで、なんども苦い思いを味わってきた。前の年には東京の葛西《かさい》臨海水族園の広場をデザインする仕事をことわられ、落ち込んでいた時期でもあった。彼らに初めて会ったとき「ぼくは、お役所は嫌いなんです」とイサムは率直にいった。でも、札幌市の職員たちは動じなかった。気分を害するわけでもなく、誠実に一所懸命《いっしょけんめい》応対してくれた。その態度が嬉しかった。「札幌は芸術や文化を大切にしている」とすぐにわかった。一方、職員たちにも感激があった。彫刻界の世界的な巨匠であるイサムが一職員にしか過ぎない自分たちにまで「よろしくお願いします」と謙虚でやさしい言葉をかけてくれたからだ。

初対面の緊張は、お互いに、どこかへ消し飛んでしまったのだった。

三カ月後のこの日、イサムは「モエレ沼」に初めて降り立った……

ゴミ捨て場の「モエレ沼」を歩き続けていたイサムはやがて立ち止まった。

「ここにはフォルム（形）が必要だ。これはぼくの仕事です。ぼくは汚いところを美しくするのが好きなんですよ」

イサムの顔から晴れ晴れとした笑みが初めてこぼれた。そして、思った。

「ここなら、プレイマウンテンができるかもしれない」

イサムには人生をかけて心がけてきたことがある。「彫刻の力で環境をよくしたい」、「社会に役立つ仕事をすること」、とくに「子どもたちに心をワクワクさせて喜んでもらいたい」ということだ。いつも思うこと。「いろいろな人が協力してくれて、初めていい仕事ができる」……

六月二十日の記者会見では、公園に彫刻を置くのではなくて「公園全体が彫刻です」と答え、集まった人たちの彫刻のイメージを変えた。世界の誰もが成しえなかったスケールの大きなイサムの「モエレ沼公園」、そして「プレイマウンテン」……

五五年も温め続けた「夢」がとうとう実現する……

ところが、信じられないことが起きた。九カ月後の十二月三十日、イサムが突然亡くなったのだ。肺炎から心不全を起こした。八十四歳だった。

イサムは結局、「モエレ沼公園」「プレイマウンテン」の基本デザインを描くことしかできなかった。しかし、その一七年後の二〇〇五（平成一七）年、「プレイマウンテン」はイサムの遺志をついだ人たちによって完成した。「モエレ沼公園」のなかで宇宙と大地をつなぎ、高さ三〇メートルの、古代遺跡を思わせる美しい山となって姿を見せた。

完成して間もなく、子どもたちは先を争って段ボールのそりで「プレイマウンテン」をすべった。どの子も大歓声を上げ、段ボールがぼろぼろになるまで楽しんだ。

波乱の生涯を送ったイサム・ノグチ。最後まであきらめずに「みんなと遊びたい」「みんなの心を輝かせたい」という子ども時代の夢をかなえた。子ども時代に得意だったこと、好きだったことを支えにして、自分らしく生き抜いた人生だった。

その苦闘の生涯は「困難に立ち向かっていく道しるべ」として、この物語を読んでくれた君たちに光を放ち続けるに違いない。

あとがき

この本は、「プレイマウンテン」に生涯をささげたイサム・ノグチの、芸術家としての生《お》い立ちとその活動を中心に書いている。基本的に事実を追っているが、高学年からの小学生を読者に想定したので、わかりやすいように書き加えた部分もある。

成長してからのイサム・ノグチは、誠実な人柄とイケメンで人びとに愛され女性にももてた。いつもそばに女性がいた。紳士的で品があり、女性に乱暴な言葉や態度を取ったことは一度もなかった。女性たちは別れたあとでも、誰もイサム・ノグチを悪くは言わなかった。母レオニーやラムリー家、マック家の影響と思われる。一九五一（昭和二六）年には日本のスター女優の山口淑子と結婚した。お互いに多忙な仕事を持つ身で、すれ違いの生活が続いて五年後に離婚した。子どもはいなかった。晩年、制作した芸術作品の管理に「自分の子どもがいれば……」と思ったといわれている。でも、自分の子どもがいなかったからこそ、視野を世界の子どもに広げられた、と筆者のわたしは思っている。

第二次世界大戦が終わったあと、イサム・ノグチは母と自分を捨てた父と仲直りをした。戦後の、食料をはじめ物資がなかったとき、アメリカからいろいろなものを送って生活を助けた。父は涙ながらに感謝し「日本の戦争にもっと反対するべきであった」と反省する手紙を送っている。さらにイサム・ノグチは日本の小学校で体験したいじめを、芸術を創造するエネルギーに変えた。誰もが心打たれることだ。イサム・ノグチは「日本の学校に行ってよかった。日本の悪いところや良いところが深くわかった」と言っている。わたしも日本人のひとりとして、「ごめんなさい」と謝ると同時に、「日本を嫌いにならなくてよかった」と救われる思いを抱いている。

イサム・ノグチに感動して一二年。子ども新聞の記者として「この芸術家の生涯を、子どもたちに知らせたい。なんとか一冊の本にまとめたい」と決意し、頑張り続けた日びだった。力のある限りあきらめないこと……それが、わたしが自分に課した約束だった。長かったし、さまざまなことがあった。「駄目かもしれない」と弱気になったこともしばしばだった。

でもいま、全てのことが貴重で素敵な思い出に変わった。

取材を重ね、メモを取り、資料や本を読んで構想を練り、原稿を何度も書き直した。出版社を訪ね編集者に会い、わたしの思いを訴えた。ある団体のコンクールにも応募してみた。わたしの仕事部屋は、それらのものであふれかえった。

知り合いが滞在していたとはいえ、初めて、しかもひとりで、ニューヨークのノグチ美術館に行った。単語を並べるくらいの英語しか話せない。心臓が飛び出そうなくらいドキドキした。

ニューヨークのノグチ美術館は、いつも温かく迎えてくれた。事前に連絡はしていたが、なんのコネもなく突然訪ねた無名のわたしに「協力したい」と言ってくれた。「ああ、この熱意を大切にする率直で気取らないオープンな感覚が、世界を舞台にして仕事をしたイサム・ノグチであり、移民の国アメリカなんだ」と実感した。

たくさんの苦労はあったけれど、もちろん、わたしの努力を土台から支えてくれたのは、いつも初心を忘れずに粘り続けたイサム・ノグチの素晴らしさだ。イサム・ノグチ自身が大変な苦労をしている。「それにくらべれば、わたしの苦労なんて、まだまだ……」と自分で自分を励ましながら、一歩ずつ前に進んだ。気がついてみると、来年二〇一八年はイサム・ノグチが亡くなって三〇年の節目の年だった。これが最後のチャンスだ。「いま大切なのは、残っているありったけの力を振りしぼること」と改めて決意した。

すると、イサム・ノグチがそうであったように、どこかで「運命の女神」が微笑んでくれた。歯車が突然大きな音を立ててまわり始めたのだ。なかなか前に進まなかった苦労がうそのようだった。あきらめなければいつか願いはかなう。努力を続けていたら助けてくれる人が現れる……よく耳にする言葉であり、イサム・ノグチの教えでもある。それがいま、わたしにも訪れた。

この本は、「処女作」というのだけれど、わたしの初めての本だ。多くの人たちの協力で、出版にまでたどりつくことができた。通訳やノグチ美術館への連絡、海外著作権などには、現地在住の雨宮眞紀さんに大変お世話になった。皆様にはこの場をお借りして、改めてお礼を申し上げたい。
そして、動かなかった大きな歯車をまわして、助けてくれた児童文学作家で詩人の大先輩こやま峰子先生と、この本の出版社・未知谷の伊藤伸恵さんと飯島徹さんにはうまく言葉が見つからないが、深く感謝の気持ちを捧げたい。

最後にお願いがあります。機会を見つけてイサム・ノグチの作品に直接出会って下さい。そして、いつか札幌の「モエレ沼公園」を訪ねてください。「プレイマウンテン」に登って思いっきり遊び、宇宙につながるイサム・ノグチの生涯と芸術を感じてください。この本がニューヨークの「ノグチ美術館」、香川県高松市の「イサム・ノグチ庭園美術館」や札幌市の「モエレ沼公園」「プレイマウンテン」を訪ねるきっかけになるとしたら、筆者としてこんな嬉しいことはありません。最後まで読んでくれて、ありがとう。

二〇一七年五月

めら・かよこ

年表

一九〇四（明治37）年　十一月十七日、アメリカ、ロサンゼルスで生まれる。

一九〇七（明治40）年　3歳　母に連れられて日本へ。本名イサム・ギルモア。（日本名は勇）

一九〇九（明治42）年　5歳　野口勇で日本女子大付属豊明幼稚園に入園。

一九一〇（明治43）年　6歳　南高輪幼稚園（もりむら）で、彫刻「波」を制作、校庭に開放された日本庭園にであう。

一九一一（明治44）年　7歳　「もりむら」を卒園し、茅ヶ崎（神奈川県）に移転。町立松林小学校に一年生で転入。

一九一二（明治45）年　8歳　妹アイリス生まれる。

一九一三（大正2）年　9歳　横浜セント・ジョセフ学院に転校。家を新築し、設計と庭作り。

一九一五（大正4）年　11歳　秋学期だけ指物師に弟子入り。

一九一八（大正7）年　14歳　セント・ジョセフ学院を卒業し、ひとりでアメリカへ。インディアナ州のインターラーケン校へ入学するが学校閉鎖。地元の公立ローリング・プレイリー中学校に編入。

一九一九（大正8）年　15歳　ラムリーに助け出され、マック宅で生活。ラ・ポート高校に編入。

一九二二（大正11）年　18歳　ラ・ポート高校卒業。夏に彫刻家ガッツォン・ボーグラムの助手になるが破門され、ニューヨークに行く。

一九二三（大正12）年　19歳　ニューヨークの名門コロンビア大学医学部に進学。野口英世、ミチオ・イトウと知り合う。アメリカに帰国していた母レオニー、イサムのことでラムリーに抗議。

一九二四（大正13）年　20歳　レオナルド・ダ・ビンチ美術学校に入学し、彫刻を学ぶ。初個展で「イサム・ノグチ」を名のる。

一九二七（昭和2）年　23歳　パリに留学。抽象彫刻家ブランクーシの助手になる。

一九二九（昭和4）年　25歳　パリから帰国。フラーと友だちに。

一九三三（昭和8）年　29歳　12月31日に、母レオニー亡くなる。59歳で死去。「未来の彫刻」についてひらめく。

一九三四（昭和9）年　30歳　WPAに「プレイマウンテン」を提出するも実現せず。

一九四二（昭和17）年　38歳　ポストン日系人強制収容所へ。

一九四七（昭和22）年　43歳　父の米次郎、茨城県で亡くなる。

一九四九（昭和24）年　45歳　ボーリンゲン基金でヨーロッパ、エジプト、インド、そして十九年ぶりに日本へ。

一九五一（昭和26）年　47歳　女優の山口淑子と結婚（五年後に離婚）。

一九六一（昭和36）年　57歳　ニューヨークにアトリエ（現ノグチ美術館）を開設。

「リバーサイド・ドライブ・パーク」（アメリカ）をデザインしたが実現せず。

一九六九（昭和44）年　65歳　四国の高松市に、アトリエ（現イサム・ノグチ庭園美術館）と、次の年に自宅のイサム家を。

一九八八（昭和63）年　84歳　札幌市の「モエレ沼公園」に「プレイマウンテン」などを基本デザイン。

12月30日、ニューヨークで永眠。

二〇〇五（平成17）年　「モエレ沼公園」、「プレイマウンテン」完成。

参考文献

イサム・ノグチ自伝用口述テープ筆記　ノグチ美術館、一九八八年

ＤＶＤ『イサム・ノグチ　地球を彫刻した男』ＳＴＶ、一九九四年

Yone Noguchi, "Isamu's Arrival in Japan", *The Story of Yone Noguchi*, Chatto and Windus, 1910.

Tobi Tobias, *Isamu Noguchi, The Life of a Sculptor*, Thomas Y.Crowell Company, NY, 1974.

Isamu Noguchi, *The Isamu Noguchi Garden Museum*, Harry N.Abrams Inc., 1987.

Isamu Noguchi, *Essays and Conversations*, Harry N.Abrams Inc., 1991.

The Isamu Noguchi Foundation and Garden Museum, *ON BECOMING AN ARTIST: Isamu Noguchi and His Contemporaries, 1822-1960*, the exhibition *On Becoming an Artist*, 2010.

イサム・ノグチ『ある彫刻家の世界』小倉忠夫訳　美術出版社、一九六九年一月

『Play Mountain　イサム・ノグチ＋ルイス・カーン』企画展出版物、マルモ出版、一九九六年五月

ドーレ・アシュトン『評伝イサム・ノグチ』笹谷純雄訳、白水社、一九九七年五月

ドウス・昌代『イサム・ノグチ――宿命の越境者』上・下、講談社、二〇〇〇年四月
アナ・マリア・トーレス『イサム・ノグチ　空間の研究』相馬正弘翻訳監修、マルモ出版、二〇〇〇年七月
『素顔のイサム・ノグチ――日米54人の証言』四国新聞社、二〇〇二年十月
酒井忠康『彫刻家への手紙――現代彫刻の世界』未知谷、二〇〇三年一月
『イサム・ノグチ生誕100年』エクスナレッジ、二〇〇四年七月
モエレ・ファン・クラブ企画編集『モエレ文庫1－5　イサム・ノグチ1988年の足跡をたどる』二〇〇五年
「a century of ISAMU NOGUCHI」『カーサ・ブルータス』特別編集号、マガジンハウス、二〇〇五年七月
柴橋伴夫『夢見る少年――イサム・ノグチ』共同文化社、二〇〇五年九月
『週刊朝日百科　美術館を楽しむ No.40』朝日新聞社、二〇〇五年七月
『あかり――イサム・ノグチが作った光の彫刻』東京国立近代美術館編集、二〇〇三年
エドワード・マークス『レオニー・ギルモア』羽田美也子ほか訳、彩流社、二〇一四年一月
川村純一・斉藤浩二『イサム・ノグチとモエレ沼公園』学芸出版社、二〇一三年十月
野口米次郎『ヨネ・ノグチ物語　野口米次郎自伝』博文社、二〇一五年十月

イサム・ノグチ「グッゲンハイム奨学金申込書」一九二七年
石垣綾子「アトリエ訪問　イサム・野口の芸術」『美術手帖』一九四八年八月号、美術出版社
イサム・ノグチ「レジャー環境の研究についての申請」ボーリンゲン基金、一九四九年

長谷川三郎「イサム・ノグチと会う」『美術手帖』一九五〇年七月号、美術出版社
猪熊弦一郎「イサム・野口の作品」『教育美術』一九五〇年十二月号、教育美術振興会
イサム・野口「あかり」『芸術新潮』一九五一年八月号、新潮社
船戸洪「ムッシュウ・ノグチ」『芸術新潮』一九五一年十月号、新潮社
イサム・ノグチ「私の見た日本」長谷川三郎訳『芸術新潮』一九五一年十月号、新潮社
獅子文六「イサム君——ビッグ・ボーイの回想」『文藝春秋』一九五二年一月号、文藝春秋
対談　イサム・ノグチ、山口淑子「日本に生きる」『芸術新潮』一九五二年六月号、新潮社
金重陶陽「ノグチ氏の仕事が訓えるもの」『日本美術工芸』一九五二年十月号、日本美術工芸社
岡本太郎「イサム・ノグチの仕事」『美術手帖』一九五二年十二月号、美術出版社
イサム・ノグチ「小自叙伝」『芸術新潮』一九五二年十一月号、新潮社
イサム・野口「石　パリの日本庭園を作る」『芸術新潮』一九五七年七月号、新潮社
丹下健三「5万人の広場」『芸術新潮』一九五六年一月号、新潮社
イサム・ノグチ「庭師1年」『芸術新潮』一九五八年十月号、新潮社
高階秀爾「新しいユネスコ本部」『芸術新潮』一九五九年一月号、新潮社
イサム・野口「世界に庭をつくる」『芸術新潮』一九六〇年七月号、新潮社
インタビュー「イサム・ノグチの中にある東と西」『婦人画報』一九六〇年七月号、婦人画報社
インタビュー「イサム・ノグチ——創造の現場から」『みづゑ』一九八八年冬号、美術出版社
猪熊弦一郎「心友イサム・ノグチとともに」丸亀市、猪熊源一郎現代美術館、一九九二年

川村純一「大地の彫刻とあかり」『現代の眼』二〇〇三年十・十一月号、東京国立近代美術館／美術出版社
尾関秀太郎「永遠に光り輝く《あかり》」『現代の眼』二〇〇三年十・十一月号、東京国立近代美術館／美術出版社

そのほか、たくさんの単行本、雑誌や新聞記事を参考にしました。

協力

ノグチ美術館（アメリカ・ニューヨーク）
イサム・ノグチ庭園美術館（香川県高松市）
モエレ沼公園（北海道札幌市）

めら・かよこ

1945年3月、北海道旭川市で生まれ、
育つ。銀行員、無認可保育所保育士
を経て、1977年から2004年まで、子
ども新聞記者。2004年以降、フリ
ー・ライターとなり、現在にいたる。

イサム・ノグチ物語《ものがたり》

「遊び」は芸術だ！

2017年12月 8 日印刷
2017年12月20日発行

著者　めら・かよこ
発行者　飯島徹
発行所　未知谷
東京都千代田区猿楽町2丁目5-9　〒101-0064
Tel. 03-5281-3751 / Fax. 03-5281-3752
［振替］ 00130-4-653627
組版　柏木薫
印刷所　ディグ
製本所　難波製本

Publisher Michitani Co. Ltd., Tokyo
Printed in Japan
ISBN978-4-89642-541-3　C8095